Alev Tekinay

Ich spreche Türkisch

Ein Sprachführer mit Kurzgrammatik und
Aufbauwortschatz

Alev Tekinay

Ich spreche Türkisch

Ein Sprachführer mit Kurzgrammatik und Aufbauwortschatz

Unter Mitwirkung
von Osman Tekinay

1987

DR. LUDWIG REICHERT VERLAG · WIESBADEN

CIP-Kurztitelaufnahme der Deutschen Bibliothek

Tekinay, Alev:
Ich spreche Türkisch : e. Sprachführer mit Kurzgram-
matik u. Aufbauwortschatz / Alev Tekinay. – Wiesba-
den : Reichert, 1987.
  ISBN 3-88226-367-9

Zeichnungen von Michaela Wein

Gesamtherstellung: Hubert & Co., Göttingen
Printed in Germany

Inhaltsverzeichnis

VIII

X

Anhang

Zu diesem Buch

Die Zielgruppe des Konversationskurses bilden nicht
nur Urlauber, die sich in kurzer Zeit die grammatische
Struktur, die Sprechpraxis und den Grund- und Reise-
wortschatz des Türkischen aneignen wollen, obwohl die
Themen der Konversationstexte und des Wortschatzes
hauptsächlich auf Reise und Urlaub ausgerichtet sind.
Unter diesem Aspekt ist der Konversationskurs ein
praktischer Sprachführer auch für Lernende ohne Vor-
kenntnisse.
Darüber hinaus ist aber dieser Sprachführer ein Begleit-
buch für Lernende mit Vorkenntnissen und dient zur
Vertiefung und Erweiterung nicht nur der Grammatik,
sondern auch der Sprechpraxis und des Wortschat-
zes.
Das Buch besteht aus zwei Teilen, der Kurzgrammatik
und dem Konversationskurs.
Der Grammatikteil bietet eine kurze und übersichtliche
Darstellung der Grammatik aus dem Türkischlehrbuch
‚Günaydın. Einführung in die moderne türkische Spra-
che' (Wiesbaden: Reichert, 1986).
Der Konversationsteil umfaßt 20 Lektionen mit 33 Tex-
ten zu verschiedenen Sprechsituationen.
Jede Lektion besteht aus zwei Teilen. Teil A enthält die
Sprechtexte mit deutscher Übersetzung, während Teil B
praktische Sätze und/oder einen ausführlichen Aufbau-
wortschatz zum Lektionsthema und somit ein türkisch-
deutsches Reisewörterbuch darbietet.
Die Texte zu verschiedenen Sprechsituationen sind
nicht lose aneinandergereiht, sondern in eine ‚Ge-

schichte' eingebettet, die mit der Vorstellung einer deutsch-türkischen Freundesgruppe beginnt und die die Türkeireise beinhaltet.

Die Erlebnisse und kleinen ‚Abenteuer' dieser Gruppe werden noch lebendiger durch Illustrationen, Fotos und Karikaturen.

Kurzgrammatik

1. Das Alphabet, die Aussprache, die Betonung

großer und kleiner Buchstabe	die türkische Bezeichnung	die Aussprache
A, a	a	meistens kurz und dunkel
B, b	be	wie im Deutschen
C, c	ce (dsche)	stimmhaftes ‚dsch‘ wie in ‚Dschungel‘
Ç, ç	çe (tsche)	stimmloses ‚tsch‘ wie in ‚Tscheche‘
D, d	de	wie im Deutschen
E, e	e	meistens kurz und offen
F, f	fe	wie im Deutschen
G, g	ge	wie im Deutschen
Ğ, ğ	yumuşak g (weiches g)	dient zur Dehnung von dunklen Vokalen, zwischen hellen Vokalen wird es als ‚j‘ ausgesprochen
H, h	he	im Anlaut wie im Deutschen, im Auslaut wie ein schwaches ‚ch‘
I, ı	ı	kurzes, sehr dumpfes ‚i‘, wie ein ‚i‘ mit zurückgezogener Zunge ausgesprochen
İ, i	i	wie im Deutschen, meistens kurz und offen
J, j	je	wie das französische ‚j‘ in ‚Journalist‘
K, k	ke	wie im Deutschen

großer und kleiner Buchstabe	die türkische Bezeichnung	die Aussprache
L, l	le	in Verbindung mit hellen Vokalen und vor a wie im Deutschen, in Verbindung mit dunklen Vokalen ziemlich dunkel
M, m	me	wie im Deutschen
N, n	ne	wie im Deutschen
O, o	o	wie im Deutschen
Ö, ö	ö	wie im Deutschen
P, p	pe	wie im Deutschen
R, r	re	im An- und Inlaut ein gerolltes Zungenspitzen-r, im Auslaut fast stimmlos
S, s	se	stimmloses s, wie das Doppel-s im Deutschen (lassen)
Ş, ş	şe (sche)	wie ,sch' im Deutschen (Schule)
T, t	te	wie im Deutschen
U, u	u	meistens kurz und offen
Ü, ü	ü	meistens kurz und offen
V, v	ve (we)	wie das deutsche ,w' (Wasser)
Y, y	ye (je)	wie das deutsche ,j' (Jaguar)
Z, z	ze	stimmhaftes s wie in ,Sonne'

Im Türkischen wird im allgemeinen auf der letzten Silbe betont: kapı, çocùk; kitàp ...

Fremdwörter hingegen haben ihren ursprünglichen Akzent beibehalten: ràdyo, lokànta …
Jedoch ist der Unterschied zwischen betonter und unbetonter Silbe gering. Der Akzent verteilt sich fast gleichmäßig über alle Silben. Doppelkonsonanten und -vokale werden im Gegensatz zum Deutschen getrennt gesprochen.

2. Vokale und Konsonanten, Vokalharmonie, Konsonantenwandel

Vokale und Konsonanten:

dunkle Vokale: a, ı, o, u
helle Vokale: e, i, ö, ü

stimmhafte Konsonanten: b, c, d, g (ğ), j, l, m, n, r, v, y
stimmlose Konsonanten: ç, f, h, k, p, s, ş, t

Vokalharmonie:

Die Vokalharmonie besagt, daß die Vokale (Selbstlaute) der Endungen sich an den letzten Vokal des Wortstammes angleichen müssen. Nach der kleinen Vokalharmonie enthält die Endung ein ‚e‘, wenn der letzte Vokal des Wortstamms ein heller Vokal (e, i, ö, ü) ist, oder ein ‚a‘, wenn der letzte Vokal des Wortstamms ein dunkler (a, ı, o, u) ist.
Nach der großen Vokalharmonie enthält die Endung

ein ‚ı‘, wenn der letzte Vokal des Wortstamms ein ‚a‘ oder ‚ı‘ ist,
ein ‚i‘, wenn der letzte Vokal des Wortstamms ein ‚e‘ oder ‚i‘ ist,
ein ‚u‘, wenn der letzte Vokal des Wortstamms ein ‚o‘ oder ‚u‘ ist,

4

ein ‚ü', wenn der letzte Vokal des Wortstamms ein ‚ö' oder ‚ü' ist.

Konsonantenwandel:

p, k, ç, (mit Vorbehalt) t im Auslaut werden stimmhaft (b, ğ, c, d), wenn eine vokalische Endung angehängt wird:

kita*p*, kita*b*ı / çocu*k*, çocu*ğ*u / ağa*ç*, ağa*c*ı / kâğı*t*, kâğı*d*ı.

3. Das Substantiv, der Plural und die Fälle

Im Türkischen gibt es kein grammatisches Geschlecht und auch keinen bestimmten Artikel. Der unbestimmte Artikel, der mit dem Zahlwort ‚eins' (bir) identisch ist, wird relativ selten gebraucht. Mit Ausnahme von Eigennamen und am Satzanfang wird das Substantiv klein geschrieben.

Die Pluralendung (Mehrzahlendung) richtet sich nach der kleinen Vokalharmonie. Ist der letzte Vokal ein heller, lautet sie ‚-ler', ist der letzte Vokal ein dunkler, lautet sie ‚-lar':

ev (Haus), ev*ler* (Häuser) / çocuk (Kind), çocuk*lar* (Kinder).

Wenn ein Zahlwort vorangestellt wird, wird keine Pluralendung gebraucht:

iki kitap: zwei Buch (statt zwei Bücher).

Als Ersatz der fehlenden Pluralendung in solchen Fällen wird häufig das Wort ‚tane' (Stück) gebraucht:

iki tane kitap: zwei Stück Buch (statt: zwei Bücher).

Im Türkischen gibt es fünf bzw. mit Vorbehalt des Genitivs sechs Fälle:

Nominativ (Grundform): adam (der Mann)
Akkusativ (Bestimmungsform): adam*ı* (den Mann)

Die Akkusativendung unterliegt der großen Vokalharmonie:

adam, adam*ı* / ev, ev*i*/okul, okul*u*/göz, göz*ü*.

Nach vokalischem Auslaut wird ein ‚y' als Bindekonsonant eingeschoben:

ada, ada*yı* / kedi, kedi*yi* / manto, manto*yu* / ütü, ütü*yü*.

Dativ (Richtungsform): adam*a* (dem Mann)

Die Dativendung unterliegt der kleinen Vokalharmonie:

adam, adam*a* / ev, ev*e* (nach Hause).

Nach vokalischem Auslaut wird ein ‚y' als Bindekonsonant eingeschoben:

Ankara, Ankara'ya (nach Ankara) / Edirne, Edirne'ye (nach Edirne).

Lokativ (Ortsform): ev, ev*de*

Die Lokativendung unterliegt der kleinen Vokalharmonie:

okul, okul*da* (in der Schule) / ev, ev*de* (zu Hause).

Nach stimmlosen Konsonanten im Auslaut lautet die Endung ‚-te' (-ta):

Münih'*te* (in München) / Kars'*ta* (in Kars).

Ablativ (Ableitungsform): ev, ev*den*

Die Ablativendung unterliegt der kleinen Vokalharmonie:

okul, okul*dan*   / bahçe, bahçe*den*
(von, aus der Schule)   (vom, aus dem Garten).

Nach stimmlosen Konsonanten im Auslaut lautet die Endung ‚-ten' (-tan):

Münih'*ten* (von, aus München) / Kars'*tan* (von, aus Kars).

Genitiv (Zugehörigkeitsform): ev, ev*in*

Die Genitivendung unterliegt der großen Vokalharmonie:

adam, adam*ın*   / ev, ev*in*
(des Mannes)   (des Hauses)
okul, okul*un*   / göz, göz*ün*
(der Schule)   (des Auges)

nach vokalischem Auslaut:

kapı, kapı*nın*   / kedi, kedi*nin*
(der Tür)   (der Katze)
manto, manto*nun*   / ütü, ütü*nün*
(des Mantels)   (des Bügeleisens).

Nach allen Eigennamen wird die Endung durch einen Apostroph getrennt.

4. Pronomen (Fürwörter)

Demonstrativpronomen (hinweisende Fürwörter)

Die drei Demonstrativpronomen ‚bu-şu-o' unterscheiden sich durch die räumliche Entfernung. ‚Bu' und ‚şu' sind als ,diese(r/s)' zu übersetzen, während ,bu' die unmittelbare Nähe (das hier), ,şu' hingegen die geringe Entfernung (das da) ausdrückt. Bei ,o' (etwa jene(r/s)) ist die räumliche Entfernung (das da) größer.

Als Demonstrativpronomen kann ,bu' auch an Stelle des bestimmten Artikels gebraucht werden:

kitap: ein Buch / bu kitap: das Buch.

Die Demonstrativpronomen können auch als Subjektpronomen existieren, wenn sie mit einem Komma vom Bezugswort getrennt werden:

bu kitap: dieses Buch, aber:
Bu, kitap: das ist ein Buch.

Personalpronomen (persönliche Fürwörter)

Die Personalpronomen lauten im Türkischen:

ben:	ich	biz:	wir
sen:	du	siz:	ihr; Sie
o:	er, sie, es	onlar:	sie

Sie können aber (außer bei Betonung oder Gegenüberstellung von verschiedenen Personen) weggelassen werden, da die Verwendung (Zeitwortendung) in der Regel gleichzeitig die Person ausdrückt.

Fälle der Personalpronomen:

Akkusativ:

beni:	mich	bizi:	uns
seni:	dich	sizi:	euch; Sie
onu:	ihn, sie, es	onları:	sie

Dativ:

bana:	(zu) mir	bize:	(zu) uns
sana:	(zu) dir	size:	(zu) euch/Ihnen
ona:	(zu) ihm (ihr)	onlara:	(zu) ihnen

Lokativ:

bende:	bei mir	bizde:	bei uns
sende:	bei dir	sizde:	bei euch/Ihnen
onda:	bei ihm (ihr)	onlarda:	bei ihnen

Ablativ:

benden:	von mir	bizden:	von uns
senden:	von dir	sizden:	von euch/Ihnen
ondan:	von ihm/ihr	onlardan:	von ihnen

Possessivpronomen (besitzanzeigende Fürwörter)

Die Possessivpronomen lauten im Türkischen:

benim:	mein(e)	bizim:	unser(e)
senin:	dein(e)	sizin:	euer(e)/Ihr(e)
onun:	sein(e)/ihr(e)	onların:	ihr(e)

Sie können aber außer bei Betonung oder Gegenüberstellung von verschiedenen Personen weggelassen werden, da die besitzanzeigende Endung gleichzeitig die Person ausdrückt.

Possesivendungen (besitzanzeigende Endungen)

Die Possessivendungen unterliegen der großen Vokalharmonie. Der letzte Vokal ist *e* oder *i*:

(benim) ev*im* (mein Haus)
(senin) ev*in* (dein Haus)
(onun) ev*i* (sein/ihr Haus)
(bizim) *evimiz* (unser Haus)
(sizin) ev*iniz* (euer/Ihr Haus)
(onların) ev*leri* (ihr Haus, ihre Häuser)

Der letzte Vokal ist *a* oder *ı*:

(benim) baş*ım* (mein Kopf)
(senin) baş*ın* (dein Kopf)
(onun) baş*ı* (sein/ihr Kopf)
(bizim) baş*ımız* (unser Kopf)
(sizin) baş*ınız* (euer/Ihr Kopf)
(onların) baş*ları* (ihr Kopf, ihre Köpfe)

Der letzte Vokal ist *o* oder *u*:

(benim) top*um* (mein Ball)
(senin) top*un* (dein Ball)
(onun) top*u* (sein/ihr Ball)
(bizim) top*umuz* (unser Ball)
(sizin) top*unuz* (euer/Ihr Ball)
(onların) top*ları* (ihr Ball, ihre Bälle)

Der letzte Vokal ist *ö* oder *ü*:

(benim) göz*üm* (mein Auge)
(senin) göz*ün* (dein Auge)
(onun) göz*ü* (sein/ihr Auge)
(bizim) göz*ümüz* (unser Auge)
(sizin) göz*ünüz* (euer/Ihr Auge)
(onların) göz*leri* (ihr Auge, ihre Augen)

Nach vokalischem Auslaut:

Der letzte Vokal ist *e* oder *i*:

(benim) kedi*m* (meine Katze)
(senin) kedi*n* (deine Katze)
(onun) kedi*si* (seine/ihre Katze)
(bizim) kedi*miz* (unsere Katze)
(sizin) kedi*niz* (eure/Ihre Katze)
(onların) kedi*leri* (ihre Katze(n))

Der letzte Vokal ist *a* oder *ı*:

(benim) kap*ım* (meine Tür)
(senin) kap*ın* (deine Tür)
(onun) kap*ısı* (seine/ihre Tür)
(bizim) kap*ımız* (unsere Tür)
(sizin) kap*ınız* (eure/Ihre Tür)
(onların) kap*ıları* (ihre Tür(en))

Der letzte Vokal ist *o* oder *u*:

(benim) radyo*m* (mein Radio)
(senin) radyo*n* (dein Radio)
(onun) radyo*su* (sein/ihrRadio)
(bizim) radyo*muz* (unser Radio)
(sizin) radyo*nuz* (euer/Ihr Radio)
(onların) radyo*ları* (ihr(e) Radio(s))

Der letzte Vokal ist *ö* oder *ü*:

(benim) ütü*m* (mein Bügeleisen)
(senin) ütü*n* (dein Bügeleisen)
(onun) ütü*sü* (sein/ihr Bügeleisen)
(bizim) ütü*müz* (unser Bügeleisen)
(sizin) ütü*nüz* (euer/Ihr Bügeleisen)
(onların) ütü*leri* (ihr(e) Bügeleisen)

Bei Genitivverbindungen wird der zweite Bestandteil stets mit der Possessivendung versehen, z. B.:

die Tasche des Lehrers

öğretme*nin* çanta*sı*
(wörtlich: des Lehrers seine Tasche).

5. Das Verb (Zeitwort)

Das Hilfsverb (Hilfszeitwort)

Entsprechung für ‚sein':

Für das Hilfsverb ‚sein' gibt es kein Verb im Türki-
schen, es wird durch Personalendungen ausgedrückt,
die der großen Vokalharmonie unterliegen:

Alman*ım* (ich *bin* Deutscher)
Alman*sın* (du *bist* Deutscher)
Alman(*dır*) (er, sie *ist* Deutsche(r))
Alman*ız* (wir *sind* Deutsche)
Alman*sınız* (ihr *seid*/Sie *sind* Deutsche(r))
Alman(*dır*)(*lar*) (sie *sind* Deutsche)

güzel*im* (ich *bin* hübsch)
güzel*sin* (du *bist* hübsch)
güzel(*dir*) (er, sie *ist* hübsch)
güzel*iz* (wir *sind* hübsch)
güzel*siniz* (ihr *seid*/Sie *sind* hübsch)
güzel(*dir*)(*ler*) (sie *sind* hübsch)

Türk*üm* (ich *bin* Türke)
Türk*sün* (du *bist* Türke)
Türk(*tür*) (er, sie *ist* Türke, Türkin)
Türk*üz* (wir *sind* Türken)
Türk*sünüz* (ihr *seid* Türken, Sie *sind* Türke)
Türk(*tür*)(*ler*) (sie *sind* Türken)

tok*um* (ich *bin* satt)
tok*sun* (du *bist* satt)
tok(*tur*) (er, sie *ist* satt)
tok*uz* (wir *sind* satt)
tok*sunuz* (ihr *seid*/Sie *sind* satt)
tok(*tur*)(*lar*) (sie *sind* satt)

Die Pluralendung ‚-ler' (‚-lar') in der 3. Person Plural wird weggelassen, wenn das Subjekt bereits im Plural steht. Z. B. Çocuk*lar* çalışkan (Die Kinder sind fleißig), aber: Çalışkan*lar* (sie sind fleißig).

Die Personalendung für die 3. Person im Singular (-dir, -dır, -dur, -dür, nach stimmlosen Konsonanten -tir, -tır, -tur, -tür) und im Plural (-dirler, -dırlar, -durlar, -dürler, nach stimmlosen Konsonanten -tirler, -tırlar, -turlar, -türler) wird in der Regel weggelassen und nur in bestimmten Fällen (Wahrscheinlichkeit, Vermutung, Allgemeingültigkeit, Betonung) gebraucht. In der 1. Person im Singular und im Plural wird nach vokalischem Auslaut ein ‚y' als Bindekonsonant eingeschoben:

hasta*yım*: ich bin krank
hasta*yız*: wir sind krank.

In der Frageform wird das Fragewörtchen ‚mi' (mit den Varianten ‚mı', ‚mu', ‚mü' nach der großen Vokalharmonie) zwischen Bezugswort und Personalendung eingeschoben und vom Bezugswort getrennt geschrieben:

Alman *mıyım*? güzel *miyim*?
  (bin ich Deutscher?)   (bin ich hübsch?)
Alman *mısın*? güzel *misin*?
Alman *mı(dır)*? güzel *mi(dir)*?
Alman *mıyız*? güzel *miyiz*?
Alman *mısınız*? güzel *misiniz*?
Alman *mı(dırlar)*? güzel *mi(dirler)*?

Türk *müyüm*? tok *muyum*?
  (bin ich Türke?)   (bin ich satt?)
Türk *müsün*? tok *musun*?
Türk *mü(dür)*? tok *mu(dur)*?
Türk *müyüz*? tok *muyuz*?
Türk *müsünüz*? tok *musunuz*?
Türk *mü(dürler)*? tok *mu(durlar)*?

Die Verneinung erfolgt mit dem Verneinungswort ‚değil' (nicht, kein), dem die Personalendungen angefügt werden:

… değil*im* :	ich bin nicht …
… değil*sin* :	du bist nicht …
… değil(*dir*) :	er, sie, es ist nicht …
… değil*iz* :	wir sind nicht …
… değil*siniz* :	ihr seid/Sie sind nicht …
… değil(*dirler*) :	sie sind nicht …

Entsprechung für ‚es gibt'

Die Strukturwörter ‚var' (es gibt, es existiert, es ist vorhanden) und ‚yok' (es gibt nicht, es existiert nicht, es ist nicht vorhanden, nicht da) werden im Türkischen sehr häufig gebraucht. Zum Beispiel:

Çantada bir kitap var:
In der Tasche gibt es ein Buch.

Çantada kitap yok:
In der Tasche gibt es kein Buch.

In der Frageform:

Yakında bir eczane *var mı*?
Gibt es in der Nähe eine Apotheke?

Ankara'ya tren *yok mu*?
Gibt es keinen Zug nach Ankara?

Entsprechung für ‚haben'

Das Hilfsverb ‚haben' wird mit besitzanzeigenden Endungen (vgl. S. 9 ff.) und mit dem Strukturwort ‚var' ausgedrückt, z. B.:

para*m* var:
ich habe Geld (wörtlich: mein Geld gibt es)

14

evin var:
du hast ein Haus (wörtlich: dein Haus gibt es) usw.

Die Frage erfolgt mit ‚var mı‘:

paran var mı?   hast du Geld?
evin var mı?   hast du ein Haus?
kaleminiz var mı? habt ihr/haben Sie einen Stift?

Die Verneinung erfolgt mit ‚yok‘:

param yok: ich habe kein Geld
evin yok: du hast kein Haus
kalemi yok: er, sie hat keinen Stift usw.

Entsprechung für ‚brauchen‘

Das Verb ‚brauchen‘ wird mit dem Strukturwort ‚lazım‘
(nötig) und den Personalpronomen im Dativ (vgl. S. 9)
ausgedrückt:

bana para lazım:
ich brauche Geld (wörtlich: mir ist Geld nötig)

sana kitap lazım:
du brauchst ein Buch, usw.

Die Frage erfolgt mit ‚lazım mı‘:

Sana para lazım mı?
Brauchst du Geld?

Bize araba lazım mı?
Brauchen wir ein Auto?

Size sözlük lazım mı?
Braucht ihr/Brauchen Sie ein Wörterbuch? usw.

Die Verneinung erfolgt mit ‚değil‘:

Bana sözlük lazım değil: Ich brauche kein Wörterbuch.

Bize araba lazım değil: Wir brauchen kein Auto, usw.

15

Das Vollverb

Im Infinitiv (in der Grundform) weist das Verb die Endung ‚-mek' (Variante ‚-mak' nach der kleinen Vokalharmonie) auf:

gel*mek*: komm*en* / yaz*mak*: schreiben.

Bei der Bildung verschiedener Zeitformen und bei der Konjugation wird die Infinitivendung weggelassen. Die entsprechende Endung für die Zeitform wird mit der Personalendung zusammen dem Verbstamm angefügt.

Das Präsens (Gegenwart)

Die Präsensendung lautet ‚-yor', wenn der Verbstamm vokalisch auslautet, z. B.:

oku*mak*: les*en*   oku-*yor-um*: ich les*e*

Nach konsonantischem Auslaut am Verbstamm wird ein Bindevokal nach der großen Vokalharmonie zwischen Verbstamm und Präsensendung eingeschoben:

gelmek (kommen) / yazmak (schreiben)

gel-*i-yor*-um   yaz-ı-*yor*- um
ich komme/schreibe

gel-*i-yor*-sun   yaz-ı-*yor*-sun
du kommst/schreibst

gel-*i-yor*   yaz-ı-*yor*
er, sie, es kommt/schreibt

gel-*i-yor*-uz   yaz-ı-*yor*-uz
wir kommen/schreiben

gel-*i-yor*-sunuz   yaz-ı-*yor*-sunuz
ihr kommt (Sie kommen)/schreibt (Sie schreiben)

gel-*i-yor*-lar   yaz-ı-*yor*-lar
sie kommen/schreiben

görmek (sehen) / koşmak (laufen)

gör-*ü-yor*-um   koş-*u-yor*-um
ich sehe/laufe

gör-*ü-yor*-sun   koş-*u-yor*-sun
du siehst/läufst

gör-*ü-yo*r   koş-*u-yo*r
er, sie, es sieht/läuft

gör-*ü-yor*-uz   koş-*u-yor*-uz
wir sehen/laufen

gör-*ü-yor*-sunuz koş-*u-yor*-sunuz
ihr seht (Sie sehen)/lauft (Sie laufen)

gör-*ü-yor*-lar   koş-*u-yor*-lar
sie sehen/laufen

Bei den Verben ‚gitmek' (gehen) und ‚etmek' (machen, tun) sowie Ableitungen mit ‚etmek' (z. B. ‚seyr*etmek*', zuschauen) wird das ‚t' am Verbstamm weich:

gi*d*iyorum: ich gehe.

Bei vokalischem Auslaut am Verbstamm fällt bei der Konjugation der Auslautvokal weg:

oyn*a*-mak: spielen   oyn-uyor-um: ich spiele.

In der Frageform wird das Fragewörtchen, das in diesem Fall als ‚mu' unveränderlich bleibt, zwischen Zeitform- und Personalendung eingeschoben und von der Zeitformendung getrennt geschrieben:

geliyor muyum?   yazıyor muyum?
     musun?   musun?
     mu?   mu?
     muyuz?   muyuz?
     musunuz?   musunuz?

görüyor muyum?	koşuyor muyum?
musun?	musun?
mu?	mu?
muyuz?	muyuz?
musunuz?	musunuz?

In der 3. Person im Plural aber wird das Fragewörtchen der Verbform nachgestellt und lautet ‚mı', weil der letzte Vokal ein ‚a' ist:

geliyorlar mı?	yazıyorlar mı?
görüyorlar mı?	koşuyorlar mı?

Die Verneinungspartikel ist ‚me-' (Variante ‚-ma' nach der kleinen Vokalharmonie):

gel-me-mek:	nicht kommen,
yaz-ma-mak:	nicht schreiben,
gör-me-mek:	nicht sehen,
koş-ma-mak:	nicht laufen.

Der negative Verbstamm hat einen vokalischen Auslaut (gelme, yazma, görme, koşma). Da der Auslautvokal bei der Konjugation wegfällt, lauten die vokalharmonisch bedingten Verneinungspartikeln für das Präsens:

-miyor-, -mıyor-, müyor-, -muyor- :

gel-miyor-um	yaz-mıyor-um
gel-miyor-sun	yaz-mıyor-sun
gel-miyor	yaz-mıyor
gel-miyor-uz	yaz-mıyor-uz
gel-miyor-sunuz	yaz-mıyor-sunuz
gel-miyor-lar	yaz-mıyor-lar

gör-müyor-um	koş-muyor-um
gör-müyor-sun	koş-muyor-sun
gör-müyor	koş-muyor
gör-müyor-uz	koş-muyor-uz
gör-müyor-sunuz	koş-muyor-sunuz
gör-müyor-lar	koş-muyor-lar

Im Türkischen gibt es noch ein zweites Präsens, *das unbestimmte Präsens (Aorist)*, das mit dem ‚simple present tense‘ im Englischen vergleichbar ist. Das unbestimmte Präsens wird – im Gegensatz zum Präsens auf ‚-yor‘ – nicht für augenblicklich geschehende Handlungen, sondern für bestimmte Situationen gebraucht wie Allgemeingültigkeit, Unabänderlichkeit, Gewohnheit, Fähigkeit, Wahrscheinlichkeit oder Vermutung bzw. Möglichkeit.

Die Endung für das unbestimmte Präsens ist ‚-r‘, wenn der Verbstamm vokalisch auslautet: oku-r-um: ich lese.

Bei konsonantischem Auslaut am Verbstamm wird ein Bindevokal – in der Regel nach der kleinen Vokalharmonie – zwischen Verbstamm und der Endung ‚-r‘ eingeschoben:

sevmek (lieben, mögen)	açmak (öffnen)
sev-e-r-im	aç-a-r-ım
sev-e-r-sin	aç-a-r-sın
sev-e-r	aç-a-r
sev-e-r-iz	aç-a-r-ız
sev-e-r-siniz	aç-a-r-sınız
sev-e-r-ler	aç-a-r-lar

Bei folgenden Verben, die beim unbestimmten Präsens unregelmäßig sind, richtet sich der Bindevokal nach der großen Vokalharmonie:

almak (al*ı*r), bilmek (bil*i*r), bulmak (bul*u*r), durmak (dur*u*r), gelmek (gel*i*r), görmek (gör*ü*r), kalmak (kal*ı*r), olmak (ol*u*r), ölmek (öl*ü*r), sanmak (san*ı*r), varmak (var*ı*r), vermek (ver*i*r), vurmak (vur*u*r).

Bei mehrsilbigen Verbstämmen richtet sich der Bindevokal regelmäßig nach der großen Vokalharmonie, z. B.:

getirmek (getir*i*r), götürmek (götür*ü*r) usw.

In der Frageform wird das Fragewörtchen zwischen Zeitform- und Personalendung eingeschoben und von der Zeitformendung getrennt geschrieben. In der 3. Person im Plural aber wird das Fragewörtchen der Verbform nachgestellt:

sever miyim?	açar mıyım?
sever misin?	açar mısın?
sever mi?	açar mı?
sever miyiz?	açar mıyız?
sever misiniz?	açar mısınız?
severler mi?	açarlar mı?
görür müyüm?	okur muyum?
görür müsün?	okur musun?
görür mü?	okur mu?
görür müyüz?	okur muyuz?
görür müsünüz?	okur musunuz?
görürler mi?	okurlar mı?

Die Verneinung des unbestimmten Präsens wird nicht durch eine Zeitformendung, sondern durch bestimmte

Personalendungen ausgedrückt, die dem negativen
Verbstamm auf ‚-me' (-ma) angefügt werden:

sev-me-m	aç-ma-m
sev-me-zsin	aç-ma-zsın
sev-me-z	aç-ma-z
sev-me-yiz	aç-ma-yız
sev-me-zsiniz	aç-ma-zsınız
sev-me-zler	aç-ma-zlar

Das Perfekt (Vergangenheit)

Die Perfektendung lautet ‚-di' (Varianten ‚-dı', ‚-dü',
‚-du' nach der großen Vokalharmonie, nach stimmlosen
Konsonanten: ‚-ti', ‚-tı', ‚-tü', ‚-tu'):

gel-di-m	yaz-dı-m	gör-dü-m	koş-tu-m
gel-di-n	yaz-dı-n	gör-dü-n	koş-tu-n
gel-di	yaz-dı	gör-dü	koş-tu
gel-di-k	yaz-dı-k	gör-dü-k	koş-tu-k
gel-di-niz	yaz-dı-nız	gör-dü-nüz	koş-tu-nuz
gel-di-ler	yaz-dı-lar	gör-dü-ler	koş-tu-lar

In der Frageform wird das Fragewörtchen der Verb-
form nachgestellt:

geldim mi?	yazdım mı?
geldin mi?	yazdın mı?
geldi mi?	yazdı mı?
geldik mi?	yazdık mı?
geldiniz mi?	yazdınız mı?
geldiler mi?	yazdılar mı?
gördüm mü?	koştum mu?
gördün mü?	koştun mu?
gördü mü?	koştu mu?
gördük mü?	koştuk mu?
gördünüz mü?	koştunuz mu?
gördüler mi?	koştular mı?

Die Verneinung erfolgt mit dem negativen Verbstamm
auf ‚-me' (-ma):

gel*me*dim	yaz*ma*dım
gel*me*din	yaz*ma*dın
gel*me*di	yaz*ma*dı
gel*me*dik	yaz*ma*dık
gel*me*diniz	yaz*ma*dınız
gel*me*diler	yaz*ma*dılar

Bei der Vergangenheit des Hilfsverbs ‚sein' wird die
Vergangenheitsendung mit der Personalendung zusam-
men nach gleichen lautlichen Regeln wie bei Vollver-
ben an das Bezugswort angehängt:

güzel-di-m: ich war hübsch
aç-tı-n: du warst hungrig, usw.

Nach vokalischem Auslaut am Bezugswort wird aber
ein ‚y' als Bindekonsonant eingeschoben:

hasta-y-dım: ich war krank
hasta-y-din: du warst krank, usw.

In der Frageform wird das Fragewörtchen zwischen Be-
zugswort und Personalendung eingeschoben und vom
Bezugswort getrennt geschrieben. Das Fragewörtchen
wird mit der Personalendung mit einem ‚y' verbunden:

hasta mıydım?	war ich krank?
üzgün müydük?	waren wir traurig?
güzel miydin?	warst du hübsch?
aç mıydınız?	wart ihr/waren Sie hungrig?
yorgun muydu?	war er/sie müde?

In der 3. Person im Plural kann das Fragewörtchen auch der Verbform nachgestellt werden:

üzgün müydüler?
üzgünler miydi?   waren sie traurig?

Die Verneinung erfolgt mit dem Verneinungswort ,değil', dem die Vergangenheitsendung mit der Personalendung angefügt wird:

... değil*dim* :	ich war nicht ...
... değil*din* :	du warst nicht ...
... değil*di* :	er, sie, es war nicht ...
... değil*dik* :	wir waren nicht ...
... değil*diniz* :	ihr wart/Sie waren nicht ...
... değil*lerdi* : (oder değil*diler*)	sie waren nicht ...

Bei der Vergangenheit des Hilfsverbs ,haben' wird die Vergangenheitsendung dem Strukturwort ,var' (in der Verneinung ,yok') angefügt:

para*m* var*dı* :	ich hatte Geld
araba*n* vardı :	du hattest ein Auto
kedi*si* vardı :	er, sie, es hatte eine Katze
ev*imiz* var*dı* :	wir hatten ein Haus, usw.
para*m* yok*tu* :	ich hatte kein Geld
araba*n* yok*tu* :	du hattest kein Auto, usw.

Die Frageform erfolgt mit ,var mıydı' (gab es, hatte ...?):

Para*n* var mıydı?   hattest du Geld?
Araba*nız* var mıydı? hattet ihr/hatten Sie ein Auto?

Das Futur (Zukunft)

Die Futurendung lautet ‚-ecek' (Variante ‚-acak' nach der kleinen Vokalharmonie). Sie wird zwischen Verbstamm und Personalendung eingeschoben. In der 1. Person im Singular und Plural wird das auslautende ‚k' zu ‚ğ':

gelmek (kommen)   yazmak (schreiben)

gel-eceğ-im	yaz-acağ-ım	(ich werde kom-
gel-ecek-sin	yaz-acak-sın	men/schreiben)
gel-ecek	yaz-acak	
gel-eceğ-iz	yaz-acağ-ız	
gel-ecek-siniz	yaz-acak-sınız	
gel-ecek-ler	yaz-acak-lar	

In der Frageform wird das Fragewörtchen zwischen Futurendung und Personalendung eingeschoben und von der Zeitformendung getrennt geschrieben:

gelecek miyim?	yazacak mıyım?
gelecek misin?	yazacak mısın?
gelecek mi?	yazacak mı?
gelecek miyiz?	yazacak mıyız?
gelecek misiniz?	yazacak mısınız?

In der 3. Person im Plural aber wird das Fragewörtchen der Verbform nachgestellt:

gelecekler mi? (yazacaklar mı?)

In der Verneinung wird die Futurendung dem negativen Verbstamm auf ‚-me' (-ma) angefügt und mit diesem mit einem ‚y' verbunden:

gel-me-y-eceğ-im	yaz-ma-y-acağ-ım
gel-me-y-ecek-sin	yaz-ma-y-acak-sın
gel-me-y-ecek	yaz-ma-y-acak
gel-me-y-eceğ-iz	yaz-ma-y-acağ-ız
gel-me-y-ecek-siniz	yaz-ma-y-acak-sınız
gel-me-y-ecek-ler	yaz-ma-y-acak-lar

Das Futur der Hilfsverben wird mit dem Verb ‚olmak' (sein, werden) gebildet, das im Türkischen ein Hilfs- und selbständiges Verb zugleich ist, z. B.:

yorgun olacağım: ich werde müde sein
hasta olacaksın: du wirst krank (werden)
öğretmen olacak: er, sie wird Lehrer(in) (werden).

Das Futur von ‚es gibt' und ‚haben' wird mit ‚olacak' gebildet:

yarın kar olacak: morgen wird es Schnee geben
arabamız olacak: wir werden ein Auto haben
  (wörtlich: unser Auto wird es geben)

Die Verneinung erfolgt mit ‚olmayacak':

yarın kar olmayacak:
  morgen wird es keinen Schnee geben
paramız olmayacak:
  wir werden kein Geld haben, usw.

Der Imperativ (Befehlsform)

Die Befehlsform für die 2. Person im Singular ist wie im Deutschen der Verbstamm:

gel-mek: komm-en   gel!: komm!

Die weiteren Imperativendungen unterliegen der großen Vokalharmonie:

gel-*in*	yaz-*ın*	gör-*ün*	koş-*un*
komm-*t*	schreib-*t*	seh-*t*	lauf-*t*
gel-*iniz*	yaz-*ınız*	gör-*ünüz*	koşu-*unuz*
komm-*en Sie*	schreib-*en Sie*	seh-*en Sie*	lauf-*en Sie*

Nach vokalisch auslautendem Verbstamm wird ein ‚y‘ als Bindekonsonant eingeschoben: oku-y-un.
Die Befehlsform für die 2. Person im Plural kann auch die höfliche Befehlsform sein, z. B.: gelin (kommt/kommen Sie).
Der verneinte Imperativ erfolgt mit dem negativen Verbstamm auf ‚-me‘ (-ma), vor der Personalendung wird ein ‚y‘ als Bindekonsonant eingeschoben:

gelme / yazma
  komm nicht / schreib nicht

gelme-y-in / yaz-ma-y-ın
  kommt nicht / schreibt nicht

gelme-y-iniz / yaz-ma-y-ınız
  kommen Sie nicht / schreiben Sie nicht

Der Imperativ mit ‚doch‘ erfolgt mit den Endungen ‚-sene‘ (-sana) und ‚-senize‘ (-sanıza):

gelsene!	komm doch!
gel*senize*!	kommt (kommen Sie) doch!
yaz*sana*!	schreib doch!
yaz*sanıza*!	schreibt (schreiben Sie) doch!

Die höfliche Befehlsform mit ‚würdest du' (‚würden Sie') wird mit der Frageform des unbestimmten Präsens gebildet:

Lütfen pencereyi açar mısın?
  Würdest du bitte das Fenster öffnen?

Lütfen pencereyi açar mısınız?
  Würdet ihr (würden Sie) bitte das Fenster öffnen?

Die Wortstellung

In der Regel steht das Verb am Ende eines Satzes. In der Dichtersprache sowie in der schnell gesprochenen Umgangssprache wird jedoch diese Regel nicht beachtet.

Wie im Deutschen steht das Subjekt meistens am Satzanfang. Der türkische Satz weist meistens die S-O-V (Subjekt-Objekt-Verb)-Reihe auf, aber die Wortstellung ist wie im Deutschen flexibel. Ein Satzteil kann durch Voranstellung betont werden, z. B.:

Ali kitabı okuyor: Ali liest das Buch, aber:
Kitabı Ali okuyor: Das Buch liest Ali.

6. Das Adjektiv (Eigenschaftswort)

Wie im Deutschen steht das Adjektiv vor dem Bezugswort, bei Unbestimmtheit wird der unbestimmte Artikel, der mit dem Zahlwort eins identisch ist, zwischen Adjektiv und Substantiv eingeschoben:

büyük ev: / büyük bir ev:
das große Haus   ein großes Haus

Da es im Türkischen kein grammatisches Geschlecht gibt, gibt es auch keine Adjektivdeklination, daher bleibt das Adjektiv unveränderlich.

Das Adjektiv wird mit den Partikeln ‚daha' und ‚en' ge-
steigert, die dem Adjektiv vorangestellt werden:

güzel   daha güzel   en güzel
schön   schöner   am schönsten

Bei Vergleichen wird die Ablativendung (vgl. S.7) ge-
braucht:

Ahmet Ali'*den daha* çalışkan.
Ahmet ist fleißig*er als* Ali.

7. Die Modalität

Entsprechung für ‚wollen' und ‚mögen'

Das Verb ‚istemek' drückt ‚wollen' und ‚mögen' aus,
z. B.:

Türkiye'de yaşamak istiyorum.
Ich will in der Türkei leben.

Çay içmek istiyor musun?
Möchtest du Tee trinken?

Entsprechung für ‚können' und ‚dürfen'

Die Modalverben ‚können' und ‚dürfen' werden durch
die Partikel ‚-ebil' (Variante nach der kleinen Vokalhar-
monie ‚-abil') ausgedrückt. Als Zeitformendung wird in
der Regel die des unbestimmten Präsens gebraucht (vgl.
S.19 f.):

gel-*ebil*-ir-im:
    ich kann kommen
mektubu yaz-*abil*-ir-sin:
    du kannst den Brief schreiben

pencereyi aç-*abil*-ir miyim?
darf ich das Fenster öffnen?

In der Verneinung wird die Partikel ‚-eme' (Variante
nach der kleinen Vokalharmonie ‚-ama') gebraucht:

gel-eme-m:
ich kann (darf) nicht kommen
mektubu yaz-ama-zsın:
du kannst (darfst) den Brief nicht schreiben.

Entsprechung für ‚müssen' und ‚sollen'

Das Modalverb ‚müssen' wird häufig mit dem Struktur-
wort ‚gerek' (bzw. ‚lazım') (nötig) gebildet, das dem
substantivierten Verb mit Possessivendung nachgestellt
wird, z. B.:

gelmek: kommen,

Substantivierung durch k-Ausfall:

gelme: das Kommen;   gelme-m: mein Kommen
gelmem gerek (oder lazım): ich muß kommen
   (wörtlich: mein Kommen ist nötig).

Um die Notwendigkeit auszudrücken, gibt es auch die
Partikel ‚-meli' (Variante nach der kleinen Vokalharmo-
nie ‚-malı'), die gleichzeitig eine Verpflichtung beinhal-
tet und auch dem Modalverb ‚sollen' entspricht:

gel-*meli*-y-im   yaz-*malı*-y-ım
ich muß, soll kommen   ich muß, soll schreiben

Auch die Wunsch-Befehl-Form (Optativ), die sehr häu-
fig gebraucht wird, entspricht dem Modalverb ‚sollen'

in der 3. Person im Singular und Plural, in der 1. Person im Sigular und Plural hingegen dem Präsens mit spontaner Entscheidung bzw. Aufforderung. Die 2. Person im Singular und Plural existiert in der Schriftsprache nicht, sie wird durch Imperativ (vgl. S. 25 f.) ersetzt:

gel-eyim: ich komme (mal)

gel-sin: er, sie soll kommen

gel-elim: laßt uns kommen, wir wollen kommen

gel-sinler: sie sollen kommen

8. Grund- und Ordnungszahlen

Grundzahlen

0	sıfır	20	yirmi
1	bir	21	yirmi bir
2	iki	22	yirmi iki
3	üç		.
4	dört		.
5	beş		.
6	altı	29	yirmi dokuz
7	yedi	30	otuz
8	sekiz	40	kırk
9	dokuz	50	elli
10	on	60	altmış
11	on bir	70	yetmiş
12	on iki	80	seksen
13	on üç	90	doksan
	.	100	yüz
	.	101	yüz bir
	.	102	yüz iki
18	on sekiz		.
19	on dokuz		.

120	yüz yirmi		·
	·		·
	·		·
	·	1500	bin beş yüz
146	yüz kırk altı		·
	·		·
	·		·
	·	1986	bin dokuz yüz
200	iki yüz		seksen altı
	·		·
	·		·
	·	2500	iki bin beş yüz
900	dokuz yüz		·
	·		·
	·		·
	·	10 000	on bin
999	dokuz yüz doksan	100 000	yüz bin
	dokuz	900 000	dokuz yüz bin
1000	bin	1 000 000	milyon

Ordnungszahlen

Die Endung für die Ordnungszahlen lautet ‚-inci' und
richtet sich nach der großen Vokalharmonie. Nach vo-
kalischem Auslaut am Zahlwort fällt der anlautende
Vokal der Endung weg:

bir*inci*: erst(e, r, s)
iki*nci*: zweit(e, r, s)
üç*üncü*: dritt(e, r, s), usw.

9. Die Uhrzeit

Saat kaç? Wie spät ist es?
Saat ...   Es ist ...
beş   fünf Uhr
dokuz   neun Uhr, usw.

Die offizielle Zeitangabe erfolgt wie im Deutschen:

9.10 dokuz on	17.15 on yedi on beş
10.30 on otuz	20.45 yirmi kırk beş
11.20 on bir yirmi	usw.

Bei der umgangsprachlichen Zeitangabe wird zuerst die Stunde, dann die Minute genannt. Bei ‚vor‘ wird die Stunde in den Dativ gesetzt und das Wörtchen ‚var‘ (es gibt) verwendet, bei ‚nach‘ wird die Stunde in den Akkusativ gesetzt und die Verbform ‚geçiyor‘ (geht vorbei) verwendet:

20 vor 3:	üç*e* yirmi var
10 vor 11:	on bir*e* on var
5 vor 6:	altı*ya* beş var;
20 nach 3:	üç*ü* yirmi geçiyor
10 nach 11:	on biri on geçiyor
5 nach 6:	altıy*ı* beş geçiyor

Viertel und halb

‚Viertel‘ heißt ‚çeyrek‘:

8.15: sekiz*i* çeyrek geçiyor (oder: sekiz on beş)
9.45: ona çeyrek var (oder: dokuz kırk beş)

‚Halb‘ heißt ‚buçuk‘. Da ‚buçuk‘ nach der Stunde genannt wird, wird – im Gegensatz zum Deutschen – eine Stunde früher angegeben, z.B. 10.30: on buçuk (also zehn halb, statt halb elf).

Für 12.30 mittags gibt es (neben offiziell: on iki otuz) den Ausdruck ‚yarım' in der Umgangssprache.
Die Partikel ‚um' bei der Zeitangabe wird durch die Lokativendung (vgl. S.6) ausgedrückt:

Saat kaç*ta*? um wieviel Uhr?
Saat beşte um fünf Uhr.

10. Kalender und Datumsangabe, türkische Feiertage

Prägen Sie sich die Ausdrücke ein:

gün hafta ay mevsim yıl (oder: *sene*)
Tag Woche Monat Jahreszeit Jahr

die Wochentage		*die Monate*	
pazartesi	Montag	ocak	Januar
salı	Dienstag	şubat	Februar
çarşamba	Mittwoch	mart	März
perşembe	Donnerstag	nisan	April
cuma	Freitag	mayıs	Mai
cumartesi	Samstag	haziran	Juni
pazar	Sonntag	temmuz	Juli
		ağustos	August
die Jahreszeiten		eylül	September
ilkbahar	Frühling	ekim	Oktober
yaz	Sommer	kasım	November
sonbahar	Herbst	aralık	Dezember
kış	Winter		

Die Monatsnamen werden großgeschrieben, wenn es sich um ein bestimmtes Datum handelt.

Bei Wochentagen wird ‚am ...‘ durch ‚...günü‘ ausgedrückt, z. B.:

pazar günü: am Sonntag.

Bei Monatsnamen wird ‚im ...‘ durch die Lokativendung (vgl. S.6) ausgedrückt, z. B.:

Ocak'ta: im Januar,   Nisan'da: im April, usw.

Bei Jahreszeiten wird nur bei Frühling und Herbst die Lokativendung gebraucht:

ilkbaharda: im Frühling; sonbaharda: im Herbst, aber: yazın: im Sommer; kışın: im Winter.

Bei der Datumsangabe werden im Türkischen *nicht* die Ordnungszahlen gebraucht:

2 Nisan 1986: iki Nisan 1986 ... (2. April 1986)
2 Nisan 1986'*da* (*am* 2. April 1986).

Der Monatsname kann wie im Deutschen mit Zahlwort geschrieben werden:

15.10.   on beş Ekim   (15. Oktober).

Auch in der Türkei ist der Sonntag der wöchentliche Ruhetag. Die religiösen Feiertage sind das Zuckerfest (Şeker Bayramı) und das Opferfest (Kurban Bayramı), die jedes Jahr um zehn Tage zurückgehen, und deshalb kein bestimmtes Datum haben. Die nationalen Feiertage sind:

29. Oktober (Gründung der Republik),
23. April   (Gründung des Parlaments),
19. Mai   (Jugend- und Sportfest),
30. August (Siegesfest).

Konversationskurs

1 Darf ich vorstellen? (Tanıştırabilir miyim?)

1 A

Text 1 Tanıştırma

(Personen: Orhan, Tülin, Helga)

O.: Merhaba, Tülin Hanım.
T.: Merhaba, Orhan Bey.
O.: Tanıştırabilir miyim? Bu, Helga Kraft, bu, Tülin Aklan.
T.: Memnun oldum.
H.: Ben de memnun oldum, efendim.
T.: Türkçe biliyor musunuz, Bayan Kraft?
H.: Evet, biraz Türkçe konuşuyorum. Siz Almanca biliyor musunuz?
T.: Evet, Almanca biliyorum.

Übersetzung *Bekanntmachung*

O.: Guten Tag, Frau Tülin.
T.: Grüß Gott, Herr Orhan.
O.: Darf ich vorstellen? Das ist Helga Kraft, das ist Tülin Aklan.
T.: Hat mich gefreut.
H.: Hat mich auch gefreut.
T.: Können Sie Türkisch, Frau Kraft?
H.: Ja, ich spreche etwas Türkisch. Sprechen Sie Deutsch?
T.: Ja, ich spreche Deutsch.

37

Text 2 Kendini Tanıtma

(Personen: Tülin, Martin)

T.: Adınız ne?
M.: Adım Martin Schulz.
Sizin adınız ne?
T.: Benim adım Tülin Aklan.
M.: Nerelisiniz, Tülin Hanım?
T.: İzmirliyim. Ya siz?
M.: Ben Kölnlüyüm.
T.: Ne iş yapıyorsunuz, Martin Bey?
M.: Öğretmenim. Siz de öğretmen misiniz?
T.: Hayır, ben öğretmen değilim. Sekreter olarak çalışıyorum.
M.: Allaha ısmarladık, Tülin Hanım.
T.: Güle güle, Martin Bey.

Übersetzung *Selbstvorstellung*

T.: Wie heißen Sie (wie ist Ihr Name)?
M.: Ich heiße (mein Name ist) Martin Schulz. Und Sie?
T.: Ich heiße (mein Name ist) Tülin Aklan.
M.: Woher kommen Sie, Frau Tülin?
T.: Ich komme aus İzmir. Und Sie?
M.: Ich bin aus Köln.
T.: Was machen Sie beruflich, Herr Martin?
M.: Ich bin Lehrer. Sind Sie auch Lehrerin?
T.: Nein, ich bin nicht Lehrerin. Ich arbeite als Sekretärin.
M.: Auf Wiedersehn, Frau Tülin.
T.: Auf Wiedersehn, Herr Martin.

Text 3 Kendini Tanıtma

(Personen: Rolf, Ergun)

E.: Adın ne?
R.: Adım Rolf. Senin adın ne?
E.: Benim adım Ergun.
R.: Kaç yaşındasın?
E.: 25 yaşındayım. Ya sen?
R.: 27 yaşındayım.
E.: Öğrenci misin?
R.: Evet, öğrenciyim.
E.: Ben de öğrenciyim.
R.: Nerede oturuyorsun?
E.: İstanbul'da oturuyorum. Ya sen?
R.: Ben Münih'te oturuyorum.

Übersetzung *Selbstvorstellung (Du-Ebene)*

E.: Wie heißt du (wie ist dein Name)?
R.: Ich heiße (mein Name ist) Rolf. Und du?
E.: Ich heiße (mein Name ist) Ergun.
R.: Wie alt bist du?
E.: Ich bin 25 Jahre alt. Und du?
R.: Ich bin 27 Jahre alt.
E.: Bist du Student?
R.: Ja, ich bin Student.
E.: Ich bin auch Student.
R.: Wo wohnst du?
E.: Ich wohne in Istanbul. Und du?
R.: Ich wohne in München.

1 B

Praktische Sätze zum Thema ‚(Selbst)Vorstellung'

Adın (od. *ismin*) *ne?*
Wie heißt du?

Adınız (od. *isminiz*) *ne?*
Wie heißen Sie?

Adım (od. *ismim*) ...
Ich heiße ...

Soyadın ne?
Wie ist dein Familien-
name?

Soyadınız ne?
Wie ist Ihr Familien-
name?

Soyadım ...
Mein Familienname ist ...

İzninizle(oder müsaadenizle) kendimi tanıtayım.
Ich darf mich vorstellen.

Nerelisin?
Woher kommst du?

Nerelisiniz?
Woher kommen Sie?

Münihliyim
Ich komme aus München.

Karslıyım
Ich komme aus Kars.

Kölnlüyüm
Ich komme aus Köln.

Augsburgluyum.
Ich komme aus Augsburg.

Mesleğin(iz) ne?
Was ist dein (Ihr) Beruf?

Ne iş yapıyorsun(uz)?
Was machst du (machen
Sie) beruflich?

... olarak çalışıyorum.
Ich arbeite als ...

Nerede oturuyorsun(uz)?
Wo wohnst du
(wohnen Sie)?

Münih'te oturuyorum
Ich wohne in München.

Köln'de oturuyorum
Ich wohne in Köln.

Kars'ta oturuyorum Ich wohne in Kars.	*İstanbul'da oturuyorum.* Ich wohne in Istanbul.
Kaç yaşındasın(ız)? Wie alt bist du (sind Sie)?	*... yaşındayım.* Ich bin ... Jahre alt.
Memnun oldum. Hat mich gefreut.	*Tanıştığımıza (çok) memnun oldum.* Es hat mich (sehr) gefreut, Sie kennenzulernen.

Aufbauwortschatz

Anredetitel

bay: Herr (dem Familiennamen vorangestellt) (Bay Schulz)

bayan: Frau, Fräulein (dem Familiennamen vorangestellt) (Bayan Kraft)

bey: Herr (dem Vornamen nachgestellt) (Martin Bey)

hanım: Frau, Fräulein (dem Vornamen nachgestellt) (Helga Hanım)

bayanlar, baylar: meine Damen und Herren

beyefendi: Herr (höfliche Anrede ohne Namenbenutzung)

hanımefendi: Dame (höfliche Anrede ohne Namenbenutzung)

efendim: höfliche Anrede für Damen und Herren ohne Namenbenutzung

41

Begrüßung

günaydın	guten Morgen
iyi günler	guten Tag
merhaba	guten Tag, grüß Gott
iyi akşamlar	guten Abend
iyi geceler	gute Nacht
selam	hallo, servus
hoş geldiniz	herzlich willkommen
hoş bulduk	formelhafte Antwort auf ‚hoş geldiniz‘

Verabschiedung

Allaha ısmarladık	Auf Wiedersehen (sagt der, der geht)
güle güle	Auf Wiedersehen (sagt der, der bleibt)
hoşça kal	mach's gut
yarın görüşmek üzere	bis morgen
yakında görüşmek üzere	bis bald
eyvallah	tschüs, servus (Jugendjargon)
iyi günler	schönen Tag noch
iyi akşamlar	schönen Abend noch

Bezeichnungen für den Menschen

adam	Mann (drückt eher den Menschen aus)
erkek	Mann (drückt eher das Geschlecht aus)
kadın	Frau
çocuk	Kind
kız	Mädchen
oğlan	Bub, Junge

2 Herzlich willkommen (Hoş Geldiniz)

2 A

Text 4 Hatır Sorma
(Personen: Helga, Tülin)

T.: Merhaba. Hoş geldiniz, Helga Hanım.
H.: Merhaba, Tülin Hanım, hoş bulduk.
T.: Nasılsınız?
H.: Teşekkür ederim, iyiyim. Ya siz?
T.: Teşekkürler, ben de iyiyim. Eşiniz ve çocuklarınız nasıl?
H.: Sağ olun, onlar da iyi. Sizin aileniz nasıl?
T.: Teşekkürler, benim ailem de iyi.
H.: Ailenize benden selam söyleyin.
T.: Tabii, memnuniyetle. Siz de ailenize benden selam söyleyin.

Übersetzung *Erkundigung nach dem Befinden*

T.: Guten Tag. Herzlich willkommen, Frau Helga.
H.: Guten Tag, Frau Tülin.
T.: Wie geht es Ihnen?
H.: Danke, es geht mir gut. Und Ihnen?
T.: Danke, mir geht's auch gut. Wie geht es Ihrem Mann und Ihren Kindern?
H.: Danke, es geht ihnen auch gut. Wie geht es Ihrer Familie?
T.: Danke, meiner Familie geht es auch gut.
H.: Grüßen Sie Ihre Familie von mir.
T.: Natürlich, gerne. Grüßen Sie auch Ihre Familie von mir.

Text 5 Hatır Sorma

(Personen: Rolf, Ergun)

E.: Selam, Rolf, nasılsın?
R.: Sağ ol, Ergun, iyiyim.
Ya sen?
E.: Teşekkür ederim, ben
de iyiyim.
R.: Biliyor musun, yarın
Türkiye'ye gidiyorum.
E.: Sahi mi? Neyle
gidiyorsun?
R.: Uçakla.
E.: O halde iyi yolculuklar ve iyi tatiller.
R.: Teşekkürler, Ergun.
E.: Ben de gelecek hafta Türkiye'ye gideceğim. Belki
orada buluşuruz.
R.: Evet, çok iyi olur. Lütfen bana İstanbul'daki adre-
sini ver.   E.: Tabii, memnuniyetle.

Übersetzung *Erkundigung nach dem Befinden
(Du-Ebene)*

E.: Servus, Rolf, wie geht es dir?
R.: Danke, Ergun. Es geht mir gut. Und dir?
E.: Danke, es geht mir auch gut.
R.: Weißt du, morgen fahre ich in die Türkei.
E.: Wirklich? Womit fährst du?
R.: Mit dem Flugzeug.
E.: Also dann, gute Reise und schöne Ferien.
R.: Danke, Ergun.
E.: Auch ich werde nächste Woche in die Türkei fah-
ren. Vielleicht treffen wir uns dort.
R.: Ja, das wäre schön. Gib mir bitte deine Adresse in
Istanbul.   E.: Natürlich, gerne.

44

2 B

Aufbauwortschatz

Erkundigung nach dem Befinden

nasılsın(ız)?	wie geht es dir (Ihnen)?
teşekkür ederim, iyiyim	danke, es geht mir gut
ya sen (ya siz)?	und dir (und Ihnen)?
iyiyim	es geht mir gut
şöyle böyle	es geht
iyi değilim	es geht mir nicht gut
çok iyiyim	es geht mir sehr gut
ne var ne yok *ne haber* }	gibt's was Neues?
iyilik güzellik (oder: *iyilik sağlık*) }	alles bestens

kendini(zi) nasıl
   hissediyorsun(uz)
	wie fühlst du dich
	   (wie fühlen Sie sich)?

kendimi iyi hissediyorum	ich fühle mich wohl
kendimi iyi hissetmiyorum	ich fühle mich nicht wohl

Formeln für ‚danke'

teşekkür ederim	danke
çok teşekkür ederim	vielen Dank
teşekkürler	danke
çok teşekkürler	vielen Dank
mersi	danke
sağ ol	danke (Du-Ebene)
sağ olun	danke (Sie-Ebene)
Allah razı olsun	vergelt's Gott
eyvallah	danke (Jugendjargon)

(aus: Gırgır)

1. Sprechblase: Mensch, Bruder Hilmi, wie geht's dir denn so?
2. Sprechblase: Danke, Mensch, es geht mir gut.

Formeln für ‚bitte'

buyurun	ja bitte (allgemein höfliche Aufforderung, auch ‚treten Sie ein' oder ‚greifen Sie zu')
bir şey değil	nichts zu danken, keine Ursache
efendim?	wie bitte?
lütfen	bitte (wenn man um etwas bittet)
rica ederim	aber ich bitte Sie, Dich!
sizden bir şey rica edebilir miyim?	darf ich Sie um etwas bitten?
müsaadenizle (oder: *izninizle*)	wenn Sie gestatten
müsaade eder misiniz?	gestatten Sie?
lütfen bana yardım eder misiniz?	würden Sie mir bitte helfen?

Entschuldigung und Bedauern

affedersin(iz)	entschuldige(n Sie)
özür dilerim	ich bitte um Entschuldigung
pardon	Verzeihung
üzgünüm	es tut mir leid
maalesef	leider
yazık	schade

Bejahung und Verneinung

evet	ja
hayır	nein
belki	vielleicht
memnuniyetle (oder: *seve seve*)	gerne
peki	in Ordnung, okay
tamam	in Ordnung, okay
olur	es geht
olmaz	es geht nicht
hiç bir zaman (oder: *asla*)	niemals
istemiyorum	ich will nicht
tabii	natürlich, selbstverständlich
elbette	selbstverständlich

47

Fragewörter und Verständigungsschwierigkeiten

nasıl	wie
nasıl bir	was für ein(e)
ne	was
ne gibi	was für
ne kadar	wieviel; wie lange; wie hoch; was kostet
ne oldu	was ist passiert
ne var	was gibt's
ne zaman	wann
ne zamandan beri	seit wann
neden	warum
nerede	wo
nereden	woher
nereye	wohin
niçin	warum, wieso
niye	weshalb, wieso
bu ne	was ist das
bu kim	wer ist das
... nerede	wo ist ...
kaç	wieviel
kaç para	was kostet
kaç tane	wieviel (stückweise)
kaça	was kostet das
kim	wer
kimde	bei wem
kimden	von wem
kime	(zu) wem
kimin	wessen
... var mı	gibt es ...
sizde ... var mı	haben Sie ...
efendim	wie bitte
anlamadım	ich habe nicht verstanden

48

anladım	ich habe verstanden
... ne demek	was heißt ...
Türkçe ... ne demek	was heißt ... auf türkisch
bunun Türkçesi ne	was heißt das auf türkisch
bir kere daha, lütfen	noch einmal, bitte
yavaş konuşun, lütfen	sprechen Sie bitte langsam
bu nasıl telaffuz edilir	wie wird das ausgesprochen
bunu bana tercüme eder misiniz	würden Sie mir das übersetzen

Glückwünsche

kutlarım	ich gratuliere
tebrik ederim	herzlichen Glückwunsch
tebrikler	herzlichen Glückwunsch
başarılar	viel Erfolg
bol şanslar	viel Glück
iyi tatiller	schöne Ferien
iyi eğlenceler	viel Spaß
iyi yolculuklar	gute Reise
iyi bayramlar	frohes Fest
bayramın(ız) kutlu olsun	frohes Fest (in Klammern: die Sie-Form)
doğum günün(üz) kutlu olsun	herzlichen Glückwunsch zum Geburtstag
yeni yılın(ız) kutlu olsun	ein gutes Neues Jahr
paskalyan(ız) kutlu olsun	frohe Ostern

Verwandtschaftsbezeichnungen

abla	große Schwester
ağabey	großer Bruder
aile	Familie
akraba	Verwandte(r)

amca	Onkel (väterlicherseits)
ana baba	Eltern
anne	Mutter
anne baba	Eltern
baba	Vater
bey	Gatte
büyük anne	Großmutter
büyük baba	Großvater
çocuk	Kind
dayı	Onkel (mütterlicherseits)
dede	Opa
enişte	(angeheirateter) Onkel
erkek kardeş	Bruder
eş	Ehepartner
hala	Tante (väterlicherseits)
hanım	Gattin
kardeş	Geschwister (Bruder und Schwester)
karı	Ehefrau
karıkoca	Ehepaar
kız kardeş	Schwester
koca	Ehemann
kuzen	Cousin, Cousine
nine	Oma
oğul	Sohn
teyze	Tante (mütterlicherseits)
torun	Enkel(in)
yeğen	Neffe, Nichte
yenge	(angeheiratete) Tante

3 Anschnallen, bitte! (Kemerlerinizi Bağlayınız!)

TÜRK HAVA YOLLARI TURKISH AIRLINES

3 A

Text 6 Havaalanında

(Personen: Rolf, Ange-
stellter am Schalter)

A.: Biletiniz, lütfen.
R.: Buyurun.
A.: Bagajınız nerede?
R.: Bagajım burada. Bagaj hakkı ne kadar?
A.: 30 Kilo.
R.: Bu çantayı el eşyası olarak yanıma alabilir miyim?
A.: Tabii, efendim. A çıkış kapısına gideceksiniz. İyi
yolculuklar.
R.: Teşekkürler.

Übersetzung *Am Flughafen*

A.: Ihr Ticket, bitte.
R.: Hier, bitte.
A.: Wo ist Ihr Gepäck?
R.: Hier ist mein Gepäck. Wieviel Gepäck ist frei?
A.: 30 Kilo.
R.: Kann ich diese Tasche als Handgepäck mitneh-
men?
A.: Selbstverständlich. Gehen Sie zum Ausgang A.
Guten Flug.
R.: Danke.

İSTANBUL'A							
	Pazartesi	Salı	Çarşamba	Perşembe	Cuma	Cumartesi	Pazar
ADANA'DAN	07.00 09.45 21.25	07.00 09.45 21.25	07.00 09.45 21.25	07.00 09.45 21.25	07.00 09.45 19.30 21.25	07.00 21.25	07.00 21.25
ANKARA'DAN	07.00 08.30 11.00 14.30 16.30 18.00 19.30 21.15	07.00 08.30 11.00 14.30 16.30 17.45 18.00 19.30 21.15	04.15 07.00 08.30 11.00 14.30 16.00 16.30 17.20 18.00 18.30 19.30 21.15	07.00 08.30 11.00 14.30 16.30 18.00 18.30 19.30 21.15	07.00 08.30 11.00 14.30 16.00 16.30 19.30 21.15	01.15 07.00 08.00 08.30 09.00 10.00 11.00 14.30 16.30 19.30 21.15	07.00 08.30 11.00 14.30 16.00 16.30 19.10 19.30 21.15
ANTALYA'DAN	07.00	07.00 15.50	07.00	07.00	07.00	07.00	07.00
DALAMAN'DAN		13.25				11.55	
DİYARBAKIR'DAN	11.55 16.45	16.45	16.45	16.45	11.55 16.45	16.45	16.45
ELAZIĞ'DAN	13.05		13.05		13.05		12.40
ERZURUM'DAN	14.00	14.00	14.00	14.00	14.00	14.00	14.00
GAZİANTEP'DEN	22.10 (*)		18.25 (*)		11.00 (*)		
İZMİR'DEN	07.00 09.20 14.15 21.50	07.00 09.20 14.15 14.45 21.50	07.00 09.20 14.15 20.15 21.50	07.00 09.20 14.15 21.50	07.00 09.20 14.15 21.50	14.15 17.00 21.50	07.00 09.20 18.00 20.10 21.50
KAYSERİ'DEN		14.20			16.00		
MALATYA'DAN		17.10		17.10		18.00	19.20
SAMSUN'DAN		12.10		12.10	12.10	12.10	12.10
SIVAS'DAN			12.30				12.30
TRABZON'DAN	12.10	12.10	12.10	12.10	12.10	12.10	17.30
VAN'DAN	14.00		14.00	14.00	14.00		14.00

Flugplan der Türkischen Fluggesellschaft Türk Hava Yollari

| İSTANBUL'DAN | | | | | | |
	Pazartesi	Salı	Çarşamba	Perşembe	Cuma	Cumartesi	Pazar
ADANA'YA	07.00 17.15 19.00	07.00 17.15 19.00	07.00 17.15 19.00	07.00 17.15 19.00	07.00 08.10 19.00	07.00 19.00	07.00 19.00
ANKARA'YA	06.45 08.00 10.00 12.00 12.45 16.00 17.45 19.30 22.05	08.00 08.05 10.00 12.00 12.45 16.00 17.45 19.00 19.30 22.05	07.40 08.00 08.30 10.00 12.00 12.45 16.00 17.45 19.30 22.05	08.00 10.00 10.45 12.00 12.45 16.00 17.45 19.30 22.05	08.00 08.30 09.00 10.00 12.00 12.45 16.00 17.45 18.30 22.05	01.55 08.00 10.00 12.45 14.45 16.00 17.45 19.30 22.05	08.00 08.15 08.30 10.00 12.45 13.30 16.00 17.45 19.30 22.05
ANTALYA'YA	20.15	12.00 20.15	20.15	20.15	22.15	22.15	22.15
DALAMAN'A		10.30				09.00	
DİYARBAKIR'A	09.30 12.45	12.45	12.45	12.45	09.30 12.45	12.45	12.45
ELAZIĞ'A	08.00		08.30		09.00		08.30
ERZURUM'A	10.00	10.00	10.00	10.00	10.00	10.00	10.00
GAZİANTEP'E	19.45(*)		12.45(*)		08.45(*)		
İZMİR'E	07.30 12.30 20.00 22.25	07.30 09.15 12.30 20.00 22.25	07.30 09.25 12.30 18.30 20.00 22.25	07.30 12.30 20.00 22.25	07.30 12.30 20.00 22.25	07.30 12.30 20.00 22.25	07.20 08.55 20.00 22.25
KAYSERİ'YE		12.15			12.45		
MALATYA'YA		12.45		12.45		14.45	16.00
SAMSUN'A		08.00		08.00	08.30	08.00	08.30
SIVAS'A			08.30				08.30
TRABZON'A	08.00	08.00	08.00	08.00	08.00	08.00	13.30
VAN'A	10.00		10.00	10.00	10.00		10.00

Text 7   Uçakta

(Personen: Rolf, Stewardeß, Kapitän)

R.: Uçağın gecikmesi var mı? Uçuş ne kadar sürüyor?
S.: Hayır, efendim, gecikmemiz yok. Uçuş iki saat yirmi dakika sürüyor.
R.: Ne kadar yükseklikte uçuyoruz?
S.: Uçuş yüksekliğimiz aşağı yukarı 9000 metre.
K.: Sayın yolcularımız, kaptanınız konuşuyor. Şu anda Belgrad üzerinden uçuyoruz. İstanbul'da hava güneşli ve 25 derece.

...

S.: Sayın yolcularımız, İstanbul Atatürk Havalimanı'na iniş yapıyoruz. Şimdi lütfen kemerlerinizi bağlayınız ve sigaralarınızı söndürünüz.

Übersetzung *An Bord*

R.: Haben wir Verspätung? Wie lange dauert der Flug?
S.: Nein, wir haben keine Verspätung. Der Flug dauert zwei Stunden und 20 Minuten.
R.: Wie hoch fliegen wir?
S.: Unsere Flughöhe beträgt ca. 9000 Meter.
K.: Verehrte Fluggäste, hier spricht Ihr Kapitän. Wir fliegen gerade über Belgrad. In Istanbul ist das Wetter sonnig, und es hat 25 Grad.

...

S.: Verehrte Fluggäste, in wenigen Minuten landen wir auf dem Atatürk Flughafen in Istanbul. Bitte anschnallen und das Rauchen einstellen.

3 B

Praktische Sätze zum Thema ‚Flugreise'

Havaalanına nasıl gidebilirim?
Wie komme ich zum Flughafen?

Danışma gişesi nerede?
Wo ist der Informationsschalter?

İstanbul'a ne zaman uçak var?
Wann gibt es einen Flug nach Istanbul?

Uçak bileti ne kadar?
Was kostet das Flugticket?

... uçağı ne zaman geliyor?
Wann kommt die Maschine aus ...?

... uçağı ne zaman kalkıyor?
Wann fliegt die Maschine nach ...?

Fazla bagaj ücreti ne kadar?
Was kostet das Übergepäck?

Uçak bileti ne kadar zaman geçerli?
Wie lange ist der Flugschein gültig?

Gümrüksüz satış mağazası nerede?
Wo ist der Dutyfree-Shop?

Uçak tutmasına karşı ilacınız var mı?
Haben Sie ein Mittel gegen Luftkrankheit?

Ne zaman iniyoruz?
Wann landen wir?

Son çağrı. ... yolcuları, lütfen ... no'lu çıkış kapısına!
Letzter Aufruf. Die Passagiere nach ... bitte zum Ausgang ...!

Aufbauwortschatz: Flugreise

anons	Durchsage
bagaj	Gepäck
bavul	Koffer
bekleme salonu	Wartesaal
cankurtaran yeleği	Schwimmweste
çartır uçağı	Charterflugzeug
çıkış (kapısı)	Ausgang
danışma	Information
danışma gişesi	Informationsschalter
el eşyası	Handgepäck
fazla bagaj	Übergepäck
gecikme	s. *rötar*
gümrük	Zoll
gümrüksüz mallar	zollfreie Waren
gümrüksüz satış mağazası	Dutyfree-Shop
hava	Luft; Wetter
hava yolları (şirketi)	Fluggesellschaft
havaalanı/havalimanı	Flughafen
helikopter	Hubschrauber
hostes	Stewardeß
imdat kapısı	Notausgang
iniş	Landung
inmek	landen
jet (uçağı)	Düsenmaschine
kalkış	Abflug
kalkmak	abfliegen
kaptan	s. *pilot*
mecburi iniş	Notlandung
mürettebat	Besatzung
pilot	Flugzeugführer
rezervasyon	Buchung
rötar	Verspätung

THY	Abk. für:
Türk Hava Yolları	Türkische Fluggesellschaft
uçak	Flugzeug
uçak bileti	Flugticket
uçak seferi	Flugverbindung
uçak şirketi	Fluggesellschaft
uçak tarifesi	Flugplan
uçuş	Flug
varış	Ankunft
varmak	landen; ankommen
yolcu	Fluggast, Fahrgast

4. Ihren Paß, bitte!
(Pasaportunuz, lütfen!)

4 A

Text 8 Sınır ve Gümrük Kontrolü

(Personen: Rolf, Grenzpolizist, Zöllner)

G.: Pasaportunuz, lütfen.
R.: İşte pasaportum. Gümrük kontrolü nerede?
G.: Orada karşıda.

...

Z.: Gümrüğe tabi eşyanız var mı?
R.: Hayır, sadece şahsi eşyalarım var.
Z.: Şu bavulu açın, lütfen. Bunun içinde ne var?
R.: Yalnız birkaç hediyelik eşya var. Bunlara gümrük ödemem gerek mi?
Z.: Hayır, gerekli değil. Şu gümrük beyannamesini doldurun ve geçin, lütfen.

Übersetzung *Grenze und Zollkontrolle*

G.: Ihren Paß, bitte.
R.: Hier ist mein Paß. Wo ist die Zollkontrolle?
G.: Da, drüben.

...

Z.: Haben Sie etwas zu verzollen?
R.: Nein, ich habe nur Sachen für den persönlichen Bedarf.
Z.: Öffnen Sie bitte diesen Koffer. Was ist drin?
R.: Nur einige Geschenke. Muß ich dafür Zollgebühren zahlen?
Z.: Nein, es ist nicht nötig. Füllen Sie diese Zollerklärung aus und passieren Sie.

Text 9   Hamal, Taksi

(Personen: Rolf, Gepäckträger, Tülin, Fahrer)

R.:   Hamal, boş musunuz?
G.:   Evet, efendim.
R.:   Şu bavulları taksiye götürün, lütfen.

...

R.:   Taksi, boş musunuz?
T.:   Taksi, boş musunuz?
R.:   Affedersiniz, bu taksiye ben binecektim.
T.:   Nereye gitmek istiyorsunuz?
R.:   Merkezde bir otele.
T.:   Ben de merkezde bir otele gideceğim. İsterseniz
       aynı taksiyi tutalım.
R.:   Evet, olabilir.
F.:   Evet, efendim, nereye?
T.:   Bize şehrin merkezinde ucuz ve rahat bir otel tav-
       siye edebilir misiniz?
F.:   Tabii, efendim. Sultanahmet'te böyle bir otel ta-
       nıyorum.

...

F.:   İşte geldik.
T.:   Borcumuz ne kadar?
F.:   2000 Lira, efendim.

Übersetzung *Gepäckträger, Taxi*

R.:   Gepäckträger, sind Sie frei?
G.:   Ja.
R.:   Bringen Sie die Koffer zum Taxi, bitte.

...

R.:   Hej, Taxi, sind Sie frei?
T.:   Sind Sie frei?
R.:   Entschuldigung, ich wollte dieses Taxi nehmen.
T.:   Wohin möchten Sie fahren?

R.: Zu einem Hotel im Zentrum.

T.: Ich möchte auch zu einem Hotel im Zentrum. Wenn Sie möchten, können wir dasselbe Taxi nehmen.

R.: Ja, das ist möglich.

F.: Ja, die Herrschaften, wohin?

T.: Können Sie uns ein billiges und gemütliches Hotel im Stadtzentrum empfehlen?

F.: Klar. Ich kenne ein solches Hotel in Sultanahmet.

. . .

F.: Hier sind wir.

T.: Was schulden wir Ihnen?

F.: 2000 Lira.

4 B Aufbauwortschatz: Grenze, Paß- und Zollkontrolle, Gepäckträger, Taxi

ad	(Vor)Name
aşı	Impfung
aşı kâğıdı	Impfschein
bekâr	ledig
beynelmilel aşı belgesi	internationaler Impfschein
çıkış	Ausreise
çıkış vizesi	Ausreisevisum
doğum tarihi	Geburtsdatum
doğum yeri	Geburtsort
dul	verwitwet; Witwe(r)
ehliyet	Führerschein
emanet	Gepäckaufbewahrung
evli	verheiratet
geçerli	gültig
giriş	Einreise
giriş vizesi	Einreisevisum
gümrüğe tabi	zollpflichtig

gümrük	Zoll
gümrük beyannamesi	Zollerklärung
gümrük dairesi	Zollamt
gümrük kontrolü	Zollkontrolle
gümrük memuru	Zollbeamter
gümrükten muaf	zollfrei
hamal	Gepäckträger
kızlık soyadı	Mädchenname
hüviyet	s. *kimlik*
ikâmetgâh	Wohnort
imza	Unterschrift
imzalamak	unterschreiben
isim	Name
kimlik	Personalausweis
medeni hal	Familienstand
pasaport	Paß
pasaport kontrolü	Paßkontrolle
sınır	Grenze
sınır kapısı	Grenzübergang
soyadı	Familienname
şoför	(Taxi)Fahrer
taşımacı	s. *hamal*
uzatmak	verlängern
vize	Visum

5 Haben Sie Zimmer frei? (Boş Odanız Var mı?)

5 A Text 10 Otele Geliş

(Personen: Rolf, Tülin, Angestellter bei der Rezeption)

R.: Boş odanız var mı?
A.: Nasıl bir oda istiyorsunuz? Tek kişilik mi, iki kişilik mi?
T.: İki tane tek yataklı oda istiyoruz.
A.: Evet, iki tane tek yataklı odamız var.
R.: Banyolu mu?
A.: Maalesef yalnız duşlu. Ama balkonlu ve deniz manzaralı.
T.: Çok güzel. Bu odalar ne kadar?
A.: Bir geceliği 7000 Lira.
R.: Daha ucuz odanız yok mu?
A.: Maalesef, efendim.
T.: Kahvaltı bu fiyata dahil mi?
A.: Evet, kahvaltı bu fiyata dahil.
R.: Ne dersiniz, Tülin Hanım?
T.: Ben bu otelde kalmak istiyorum.
R.: Ben de.
A.: O halde şu kayıt formülerini doldurun, lütfen. Pasaportlarınızı görebilir miyim?
T.: Tabii. Beni yarın sabah saat yedide uyandırın, lütfen.

Übersetzung *Ankunft im Hotel*

R.: Haben Sie Zimmer frei?

A.: Was für ein Zimmer wünschen Sie? Ein- oder Zweibettzimmer?

T.: Wir möchten zwei Einbettzimmer.

A.: Ja, wir haben zwei Einbettzimmer frei.

R.: Sind sie mit Bad?

A.: Leider nur mit Dusche. Aber mit Balkon und Meeresblick.

R.: Sehr schön. Was kosten diese Zimmer?

A.: Eine Übernachtung 7000 Lira.

R.: Haben Sie kein billigeres Zimmer?

A.: Leider, mein Herr.

T.: Ist das Frühstück inklusive?

A.: Ja, es ist inklusive.

R.: Was meinen Sie, Frau Tülin?

T.: Ich bleibe in diesem Hotel.

R.: Ich auch.

A.: Dann füllen Sie bitte dieses Anmeldeformular aus. Darf ich Ihre Pässe sehen?

T.: Selbstverständlich. Wecken Sie mich bitte morgen früh um 7 Uhr.

Text 11 Otelden Ayrılma

(Personen: Angestellter bei der Rezeption, Tülin, Martin)

A.: Günaydın, efendim.

T.: Günaydın. Kahvaltı salonu nerede?

A.: Hemen sağda.

M.: Bugün ayrılıyorum. Lütfen hesabı hazırlar mısınız?

A.: Hemen, efendim.

M.: Lütfen bana yarım saat sonra bir taksi çağırın. Her şey için çok teşekkürler.

A.: Rica ederim, efendim, vazifemiz. Bavullarınızı aşağıya getirttim.

M.: Buyurun, bu sizin için. Bana posta var mı?

A.: Evet, yalnız bir mektup.

M.: Postamı ben ayrıldıktan sonra Almanya'daki adresime gönderebilir misiniz?

A.: Elbette.

T.: Aaa, merhaba, Martin Bey. Siz de İstanbul'da mısınız?

M.: Merhaba, Tülin Hanım. Evet, ben de buradayım. Türkiye'de iznimi geçiriyorum. Bugün İstanbul'dan ayrılıyorum. Arkadaşım Orhan'la Güney Anadolu'ya gideceğim. Siz de bizimle gelir misiniz?

T.: Gelmek isterdim ama, daha bir süre İstanbul'da kalacağım. Yarın Helga da geliyor. Onunla buluşacağım.

Übersetzung *Abreise vom Hotel*

A.: Guten Morgen.

T.: Guten Morgen. Wo ist der Frühstücksraum?

A.: Gleich rechts.

M.: Ich reise heute ab. Würden Sie bitte die Rechnung fertigmachen?

A.: Sofort, mein Herr.

M.: Rufen Sie mir bitte nach einer halben Stunde ein Taxi. Vielen Dank für alles.

A.: Aber ich bitte Sie, gern geschehen. Ich habe Ihre Koffer nach unten bringen lassen.

M.: Hier, das ist für Sie. Gibt es Post für mich?

A.: Ja, nur einen Brief.

M.: Können Sie meine Post nach meiner Abreise nach Deutschland schicken lassen?

A.: Selbstverständlich.

T.: Hallo, Herr Martin, sind Sie auch in Istanbul?

M.: Grüß Gott, Frau Tülin. Ja, ich bin auch hier. Ich verbringe meinen Urlaub in der Türkei. Ich reise heute von Istanbul ab. Ich werde mit meinem Freund Orhan nach Südanatolien fahren. Würden Sie mitkommen?

T.: Ich würde mitkommen, aber ich werde noch eine Zeitlang in Istanbul bleiben. Morgen kommt auch Helga. Ich werde mich mit ihr treffen.

4 B   Praktische Sätze: Auskunft und allgemeine Fragen; Beanstandungen

En yakın ... nerede?
Wo ist der (die, das) nächste ...?

Bana bir ... tavsiye edebilir misiniz?
Können Sie mir ein(e,n) ... empfehlen?

Bir oda ayırtmak istiyorum.
Ich möchte ein Zimmer bestellen.

Sizde bir oda ayırtmıştım.
Ich hatte bei Ihnen ein Zimmer bestellt.

Odanın günlük (haftalık) fiyatı ne kadar?
Was kostet das Zimmer pro Tag (pro Woche)?

Odayı görebilir miyim?
Kann ich das Zimmer ansehen?

Burada ... gün (hafta) kalacağım.
Ich werde hier ... Tage (Wochen) bleiben.

Burada ... serbest mi?
Darf man hier ...?

... bozuk.
... ist kaputt.

... çalışmıyor (oder: *işlemiyor*).
... funktioniert nicht.

... tıkalı.
... ist verstopft.

Işık yanmıyor.
Das Licht brennt nicht.

(Sıcak) su yok.
Es fließt kein (warmes) Wasser.

Şikâyette bulunmak istiyorum.
Ich möchte mich beschweren.

Aufbauwortschatz: Unterkunft

anahtar	Schlüssel
ayna	Spiegel
ayırtmak	reservieren, buchen
ayrılmak	abreisen
asansör	Lift
balkon	Balkon
banyo	Bad(ezimmer)
battaniye	Wolldecke
cereyan	(elektrischer) Strom
çarşaf	Bettlaken
dolap	Schrank
duş	Dusche
elbise askısı	Kleiderbügel
fırça	Bürste
fiş	Stecker
fiyat	Preis
geceleme	Übernachtung
gece lambası	Nachttischlampe
hesap	Rechnung
hostel	Jugendherberge
içme suyu	Trinkwasser
kahvaltı	Frühstück
kahvaltı salonu	Frühstücksraum
kalacak yer	Unterkunft
kalorifer	Zentralheizung
kat	Etage
kayıt formüleri	Anmeldeformular
komodin	Nachttisch
kül tablası	Aschenbecher
lavabo	Waschbecken
motel	Motel
musluk	Wasserhahn

numara	Nummer
oda	Zimmer
otel	Hotel
pansiyon	Pension
perde	Vorhang
priz	Steckdose
resepsiyon	Empfangsraum
sabun	Seife
sıcak su	warmes Wasser
sırt çantası	Rucksack
sifon	Spülung
soba	Ofen
soğuk su	kaltes Wasser
şikâyet	Beanstandung
tam pansiyon	Vollpension
tek kişilik oda	
tek yataklı oda	Einbettzimmer
tuvalet	Toilette
tuvalet kâğıdı	Toilettenpapier
uyku tulumu	Schlafsack
ütü	Bügeleisen
voltaj	Volt
yarım pansiyon	Halbpension
yastık	Kopfkissen
yatak	Bett
yatak takımı	Bettzeug
yola çıkmak	abreisen
yorgan	Bettdecke

6 Bringen Sie bitte die Speisekarte! (Yemek Listesini Getirir misiniz?)

6 A Text 12 Kahvaltı

(Personen: Kellner, Martin, Orhan)

K.: Kahvaltıda ne arzu ediyorsunuz? Çay mı yoksa kahve mi?
M.: Bana bir sütlü kahve lütfen.
O.: Ben de demli bir çay istiyorum.
M.: Rafadan yumurta ister miydiniz?
M.: O, evet, lütfen.
O.: Bana iki dilim ekmek, tereyağ ve beyaz peynir getirin. Tabii zeytin de istiyorum.
M.: Ben yalnız bir dilim ekmek, tereyağ ve reçel istiyorum.

Übersetzung *Frühstück*

K.: Was möchten Sie zum Frühstück? Tee oder Kaffee?
M.: Für mich einen Kaffee mit Milch, bitte.
O.: Und ich möchte einen starken Tee.
K.: Möchten Sie auch weichgekochte Eier?
M.: O ja, bitte.
O.: Bringen Sie mir zwei Scheiben Brot, Butter und Schafskäse. Natürlich auch Oliven.
M.: Ich möchte nur eine Scheibe Brot, Butter und Marmelade.

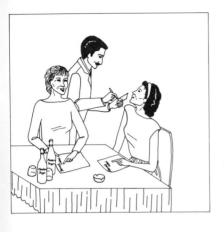

Text 13   Lokantada

(Personen: Helga, Tülin, Kellner)

T.: Garson, bu masa boş mu?

K.: Evet efendim, buyurun.

T.: Yemek listesini getirir misiniz, lütfen? Çok acıktık.

H.: Ve çok da susadık. İçecekler listesini de rica ediyorum.

K.: Ne içmek istiyorsunuz?

H.: Önce bir ayran.

K.: Ayran maalesef kalmadı. Ama gazoz veya maden suyu getirebilirim..

T.: Peki, iki maden suyu getirin. Bir küçük şişe de rakı ve iki kadeh rica ediyoruz.

K.: Ne yemek istiyorsunuz?

H.: Ben bir porsiyon döner kebap istiyorum.

T.: Bana da bir porsiyon Adana kebabı gestirin. Acılı olmasın.

K.: Peki efendim. Tatlı da alacak mısınız?

H.: Evet, ben bir sütlaç alacağım.

T.: Ben tatlı istemiyorum. Yemekten sonra kahve içeceğim.

70

Übersetzung *Im Restaurant*

T.: Herr Ober, ist der Tisch frei?

K.: Ja, meine Damen, nehmen Sie doch Platz.

T.: Bringen Sie bitte die Speisekarte. Wir haben gro-
ßen Hunger.

H.: Und auch großen Durst. Bringen Sie bitte auch die
Getränkekarte.

K.: Was möchten Sie trinken?

H.: Zuerst ein Joghurtgetränk.

K.: Das Joghurtgetränk ist leider alle. Aber ich kann
Brauselimonde oder Mineralwasser bringen.

T.: Also gut, zweimal Mineralwasser. Dann möchten
wir eine kleine Flasche Raki und zwei Gläser.

K.: Was möchten Sie essen?

H.: Ich möchte eine Portion Döner Kebap.

T.: Bringen Sie mir eine Portion Adana Kebap. Aber
nicht scharf.

K: Jawohl. Nehmen Sie auch Nachtisch?

H.: Ja, ich möchte einen Reispudding.

T.: Ich möchte keinen Nachtisch. Nach dem Essen
trinke ich einen Kaffee.

6 B Praktische Sätze zum Thema ‚Restaurant'

Yakında iyi bir lokanta var mı?
Gibt es in der Nähe ein gutes Restaurant?

Saat ... için lütfen ... kişilik bir masa ayırın.
Reservieren Sie bitte für ... Uhr einen Tisch für ... Personen.

Bu masa boş mu?	*Buraya siz mi bakıyorsunuz?*
Ist der Tisch frei?	Bedienen Sie hier?
Garson!	*İçeceklerden ne var?*
Herr Ober!	Was für Getränke haben Sie?
... yemek istiyorum.	*... içmek istiyorum.*
Ich möchte ... essen.	Ich möchte ... trinken.

Bana (bize) lütfen ... getirin.
Bringen Sie mir (uns) bitte ...

Afiyet olsun!	*Şerefe!*
Guten Appetit!	Zum Wohl!
Garson, hesabı lütfen.	*Üstü kalsın.*
Herr Ober, die Rechnung bitte.	Stimmt so.

Aufbauwortschatz

Essen und Trinken, Frühstück, Restaurant

acı(lı)	scharf
akşam yemeği	Abendessen
alkol	Alkohol
baharat	Gewürz
bal	Honig
balık	Fisch
bardak	Glas
bayat	altbacken
beyaz peynir	Schafskäse

72

bıçak	Messer
biftek	Steak
bira	Bier
birahane	Bierkneipe
buğuda pişmiş	gedämpft, gedünstet
büfe	Imbißstube
çatal	Gabel
çatal kaşık bıçak	Besteck
çay	Tee
çay bahçesi	Teegarten
çay kaşığı	Teelöffel
çaydanlık	Teekanne
çayhane	Teehaus
çorba	Suppe

(aus: Hürriyet)
Waas ... du hast nicht gekocht? Was sollen wir heute abend essen, Frau?

çikolata	Schokolade
dilim	Scheibe
domates	Tomate
dondurma	(Speise)Eis
ekmek	Brot
ekmek sepeti	Brotkorb
ekşi	sauer
et	Fleisch
fincan	Tasse
garson	Kellner
hardal	Senf
hıyar	Gurke
hizmet	Bedienung
içecek	Getränk
içecekler listesi	Getränkekarte
içki	(alkoholisches) Getränk
içmek	trinken
jambon	Schinken
kadeh	Glas (für alkoholische Getränke)
kahvaltı	Frühstück
kahve	Kaffee; Café
kakao	heiße Schokolade
karabiber	Pfeffer
kaşık	Löffel
konserve açacağı	Dosenöffner
kırmızıbiber	Paprika
kızartma	Braten
kızartmak	braten
kürdan	Zahnstocher
limon	Zitrone
limonata	Limonade
lokanta	Restaurant
maden suyu	Mineralwasser

74

makarna	Makkaroni
masa	Tisch
masa örtüsü	Tischdecke
meyhane	Kneipe
meyve	Obst
meyvesuyu	Fruchtsaft
mutfak	Küche
ordövr	Vorspeise
öğlen yemeği	Mittagessen
pasta	Kuchen
pastane	Konditorei
patates	Kartoffel
peçete	Serviette
peynir	Käse
pilav	Reisgericht
rakı	türkischer Anisschnaps
reçel	Marmelade
restoran	s. *lokanta*
salam	Salami(wurst)
salata	Salat
salatalık	Gurke
sandviç	belegtes Brot
sarmısak	Knoblauch
sebze	Gemüse
selfservis	Selbstbedienung
sert	hart
servis	Bedienung
servis yapmak	bedienen
sirke	Essig
soda	Mineralwasser
soğan	Zwiebel
sos	Soße
sosis	(Wiener) Wurst
sürahi	Karaffe

süt	Milch
sütlaç	Reispudding
sütlü	mit Milch
sütsüz	ohne Milch
şarap	Wein
kırmızı ~	Rotwein
beyaz ~	Weißwein
şeker	Zucker
şekerli	mit Zucker
şekersiz	ohne Zucker
şiş	Bratspieß
şişe açacağı	Flaschenöffner
tabak	Teller
tatlı	süß; Süßigkeit, Nachtisch
tavuk	Huhn
tavuk kızartması	Brathuhn
taze	frisch
tepsi	Tablett
tereyağ	Butter
tirbuşon	Korkenzieher
tuz	Salz
tuzluk	Salzstreuer
yağ	Fett; Öl
yağlı	fett
yağsız	mager
yemek	Essen
yemek yemek	essen
yemek listesi	Speisekarte
yoğurt	Joghurt
yumurta	Ei
katı pişmiş ~	hartgekocht
rafadan ~	weichgekocht
zeytin	Olive
zeytinyağı	Olivenöl

Speisen

Oktay Restaurant

Warme Vorspeisen (Eierspeisen)

Omelette	TL 350
Omelette mit Käse	TL 450
Omelette mit Champignons	TL 450

Türkische Pizza

Kıymalı Pide	:	Hackfleischpizza	TL 600
Peynirli Pide	:	Käsepizza	TL 700

HAUPTSPEISEN

Adana Kebap	:	Hackfleischspieße m. Tomaten u. Zwiebel	TL 950
Adana Yoğurtlu	:	Hackfleischspieße m. Knoblauchjoghurt	TL 1000
Taskebabı	:	Gulasch Türkischer Art mit Reis u. Salat	TL 950
Patlıcan Kebap	:	Gulasch auf gebratenen Auberginen mit Reis und Salat	TL 1100
Köfte	:	Grill-Hacksteaks m. Reis u. Salat	TL 1100
Döner Kebap	:	Spindelgrill mit Fladenbrot und Salat	TL 1200
İskender Kebap	:	Spindelgrill auf Knoblauchjoghurt mit Tomatensauce und Fladenbrot	TL 1250
Pirzola	:	Lammkotelette mit Reis und Salat	TL 1300
Adana- Şiş Karışık	:	Gemischtes Hack und Würfellammfleisch-spieß mit Reis u. Salat	TL 1350
Şiş Kebap	:	Würfellammspieß mit Reis u. Salat	TL 1400
Karışık Izgara	:	Grillteller mit Reis u. Salat	TL 1300
Şiş Kebap Yoğurtlu	:	Würfellammspieß auf Knoblauchjoghurt mit Brot und Grilltomaten	TL 1450
Istanbul Platte für 2 Personen	:	Gemischte Fleischarten gegrillt, mit Reis und Salat	TL 2150

AFIYET OLSUN ...

Speisekarte eines türkischen Restaurants

Die türkische Küche (Türk Mutfağı)

Ordövr	Vorspeisen
arnavut ciğeri	gebackene Leberklößchen in Olivenöl
beyin salatası	Salat aus gekochtem Hirn
cacık	Joghurt mit kleingeschnittenen Gurken, Dill und Knoblauch
midye dolması	Muschelschalen mit Reisfüllung
midye tava	in Olivenöl gebratene Muscheln
pastırma	stark gewürztes Dörrfleisch
patlıcan kızartması	in Olivenöl gebratene Auberginenschnitte
patlıcan salatası	Auberginensalat
pilaki	kaltes Gericht aus weißen Bohnen
sucuk	türkische Knoblauchwurst
turşu	eingelegtes Essiggemüse
zeytinyağlılar	kalte Gemüsegerichte
Çorbalar	Suppen
düğün çorbası	legierte Suppe
işkembe çorbası	Kaldaunensuppe
mercimek çorbası	Linsensuppe
şehriye çorbası	Fleischbrühe mit Nudeleinlage
tarhana çorbası	Teigsuppe aus Joghurt und Fleischbrühe
Sebzeler	Gemüsegerichte
biber dolması	Paprikaschoten mit Reis oder Hackfleisch gefüllt
dolma	s. *biber dolması* oder *yaprak dolması*
güveç	Schmorgemüseeintopf

imambayıldı	kaltes Auberginengericht
karnıyarık	Auberginen mit Hackfleischfüllung
musakka	Auberginen mit Hackfleisch und Zwiebeln
yaprak dolması	gefüllte Weinblätter

Et Yemekleri Fleischgerichte

Adana kebabı	Fleischgericht mit Zwiebeln
döner kebap	gewürztes Hammelfleisch vom Drehspieß
ızgara köfte	gegrillte Frikadellen
karışık ızgara	gemischte Grillplatte
köfte	Frikadellen
pirzola	Kotelett
şiş kebap	am Spieß gegrillte kleine Hammelfleischstückchen
Urfa kebabı	Fleischgericht mit Tomaten und Pfefferschoten
yoğurtlu kebap	Fleischgericht mit Joghurt

Balıklar Fische

alabalık	Forelle
dilbalığı	Scholle, Seezunge
istavrit	Stöcker, Bastardmakrele
kalkan (balığı)	Steinbutt
levrek (balığı)	Seebarsch
lüfer	Blaubarsch
mürekkep balığı	Tintenfisch
sazan	Karpfen
som balığı	Lachs
ton balığı	Thunfisch
uskumru	Makrele

Diğer Deniz Ürünleri andere Seetiere

ıstakoz	Hummer
karides	Garnelen
midye	Muscheln
pavurya	Krabben
yengeç	Krebse

Av etleri Wild

bıldırcın	Wachtel
karaca	Reh
kaz	Gans
keklik	Rebhuhn
ördek	Ente
sülün	Fasan
tavşan	Hase

Hamur İşleri Teigwaren

börek	Blätterteigpastete
lahmacun	türkische Pizza
mantı	Fleischpasteten in Joghurtsoße
pide	Fladenbrot; türkische Pizza
puf böreği	Pastete mit Käse- oder Hackfleischfüllung
sigara böreği	Pastete in dünner länglicher Form mit Käse oder Hackfleischfüllung
su böreği	Pastete mit Butter und Milch zubereitet

Salatalar Salate

çoban salatası	Hirtensalat
karışık salata	gemischter Salat
piyaz	Salat aus weißen Bohnen
yeşil salata	grüner Salat

Peynir Çeşitleri	Käsesorten
beyaz peynir	Schafskäse
kaşar peyniri	gelblicher Hartkäse
tulum peyniri	weißer Käse im Ledersack
Tatlılar	Nachspeisen
baklava	süße Blätterteigpastete
kadayıf	süße Fadennudeln
muhallebi	Reismehlpudding
revani	Grießsüßspeise
sütlaç	Milchreis
tavuk göğsü	Süßspeise aus klein gehackter Hühnerbrust
tulumba tatlısı	mit Zuckerwasser durchtränkter Spritzkuchen
Alkollü İçkiler	Alkoholische Getränke
aperitif	Aperitif
bira	Bier
cin	Gin
fıçı birası	Faßbier
konyak	Kognak
köpüklü şarap	Schaumwein
likör	Likör
rakı	türkischer Anisschnaps
şampanya	Champagner
şarap	Wein
viski	Whisky
votka	Wodka

7 Was kostet ein Brief nach Deutschland?
(Almanya'ya Mektup Ne Kadar?)

7 A Text 14 Postanede

(Personen: Rolf, Angestellter)

R.: Almanya'ya kart ve mektup ne kadar?

A.: Kart 70 Lira, mektup 100 Lira.

R.: Bana iki tane 70, üç tane 100 Liralık posta pulu verir misiniz?

A.: Buyurun.

R.: Almanya'ya telefon etmek istiyordum. Sizde yurt dışı için jeton var mı?

A.: Evet, var. Kaç tane istiyorsunuz?

R.: Beş tane, lütfen. Ayrıca bana yurt içi için de iki tane jeton lazım. Hepsi ne kadar ediyor?

A.: Hepsi 4500 Lira ediyor.

R.: Yanımda 10 000 Lira var. Bozabilir misiniz acaba?

Übersetzung *Auf der Post*

R.: Was kosten eine Postkarte und ein Brief nach Deutschland?

A.: Eine Postkarte 70 Lira, ein Brief 100 Lira.

R.: Geben Sie mir bitte zwei Briefmarken zu 70 und drei Briefmarken zu 100 Lira.

A.: Hier bitte.

R.: Ich möchte nach Deutschland telefonieren. Haben Sie Telefonmünzen fürs Ausland?

A.: Ja, wir haben (Telefonmünzen). Wieviel brauchen Sie?

R.: Fünf Münzen, bitte. Außerdem brauche ich zwei Telefonmünzen fürs Inland. Was macht alles zusammen?

A.: Alles macht 4500 Lira.

R.: Ich habe 10 000 Lira dabei. Könnten Sie wechseln?

7 B   Praktische Sätze zum Thema ,Post'

Almanya'ya (Avusturya'ya, İsviçre'ye) bir mektup (kart) ne kadar?

Was kostet ein Brief (eine Postkarte) nach Deutschland (Österreich, in die Schweiz)?

... için posta ücreti ne kadar?

Wieviel beträgt das Porto für ...?

Bir telgraf formüleri, lütfen.

Ein Telegrammformular, bitte.

Almanya'ya (Avusturya'ya, İsviçre'ye) ... kelime ne kadar?

Wieviel kosten ... Wörter nach Deutschland (Österreich, der Schweiz)?

Nereden telefon edebilirim?

Wo kann ich telefonieren?

En yakın telefon kulübesi nerede?
Wo ist die nächste Telefonzelle?

Telefon rehberini verir misiniz?
Geben Sie mir das Telefonbuch, bitte.

Hat meşgul.
Die Leitung ist besetzt.

Vorwahlnummern:
BRD 9-9-49   Österreich 9-9-43   Schweiz 9-9-41

Aufbauwortschatz: Post

adres	Adresse
ahize	Telefonhörer
alıcı	Empfänger
atmak	einwerfen
çevirmek	wählen
ekspres mektup	Eilbrief
gönderen	Absender
göndermek	schicken, senden
jeton	Telefonmünze
kartpostal	Postkarte
kıymet beyanı	Wertangabe
manzara kartı	Ansichtskarte
matbuat	Drucksache
mektup	Brief
ödemeli konuşma	R-Gespräch
özel pul	Sondermarke
paket	Paket
posta	Post
posta havalesi	Postanweisung
posta kutusu	Postkasten
posta pulu	Briefmarke
posta tasarruf cüzdanı	Postsparbuch
posta ücreti	Porto

postacı	Briefträger
postane	Postamt
postrestan(t)	postlagernd
PTT	Abk. für Türkische Post
pul	Briefmarke
pul otomatı	Briefmarkenautomat
pul yapıştırmak	frankieren
şehiriçi telefon konuşması	Ortsgespräch
taahhütlü mektup	Einschreiben
telefon	Telefon
telefon etmek	telefonieren, anrufen
telefon konuşması	Telefongespräch
telefon kulübesi	Telefonzelle
telefon numarası	Telefonnummer
telefon rehberi	Telefonbuch
telefon santrali	Fernsprechamt
telgraf	Telegramm
telgraf çekmek	ein Telegramm schicken
uçak postası	Luftpost
uçakla	mit Luftpost
yollamak	schicken, senden
zarf	Briefumschlag

Türkische Briefmarken

85

OSMANLI BANKASI A.Ş.
(Merkezi İstanbul)

DÖVİZ ALIM BELGESİ

Seri No. : **A**

Sıra **№ 289790**

İstatistik No. : ....

Banka Şube Kodu : | 13- |

İşlem No. : ....

DÖVİZİ SATAN KİŞİNİN/KURULUŞUN

ÜNVANI/ADI SOYADI : ....
....

UYRUĞU : ....
PASAPORT No. : ....
TÜRKİYE'YE GİRİŞ TARİHİ : ....

SATIN ALINAN DÖVİZİN/EFEKTİFİN

GELDİĞİ ÜLKE : ....

GELİŞ NEDENİ : ....

CİNSİ : ....

UYGULANAN KUR : ....

TUTARI : ....

TL. KARŞILIĞI : ....

$ KARŞILIĞI : ....

(1) TL : _____

İHRACATIN ŞEKLİ ... ... : | |

TESLİM.ŞEKLİ ... ... : | |

Gümrük çıkış beyannamelerinin;

TARİHİ ... ... : | |

NUMARASI ... ... : | |

ÇIKIŞ KAPISI ... ... : | |

YURDA GETİRİLEN DÖVİZİN ÖDEME ŞEKLİ ... ... : | |

(2) KESİNTİLER (Komisyon - posta - pul - gd. ver. v.s.) TL. : | |

(1-2) KALAN NET TL. : _____

Açıklama bölümü _____

Tarih : ....

OSMANLI BANKASI A.Ş.
(Merkezi İstanbul)

.... ŞUBESİ

1 B. 702 - Müşteri nüshası - 1/3 - 7/1984 - 300.000

8 Kann ich bei Ihnen Geld umtauschen?
(Sizde Para Değiştirebilir miyim?)

8 A   Text 15   Bankada

(Personen: Helga, Angestellte)

H.: Burası kambiyo, değil mi? Sizde para değiştirebilir miyim?

A.: Tabii, efendim, buyurun.

H.: 100 DM karşılığı Türk Lirası değiştirmek istiyorum.

A.: Şu formüleri doldurun, sonra vezneye gideceksiniz.

H.: Seyahat çeki de bozuyor musunuz?

A.: Elbette. Çek kartınız yanınızda mı?

Übersetzung *Auf der Bank*

H.: Bin ich hier bei der Wechselstelle? Kann ich bei Ihnen Geld umtauschen?

A.: Aber natürlich.

H.: Ich möchte 100 DM in türkische Pfund umwechseln.

A.: Füllen Sie dieses Formular aus, dann gehen Sie zur Kasse.

H.: Wechseln Sie auch Reisescheck?

A.: Selbstverständlich. Haben Sie ihre Scheckkarte dabei?

87

Umtauschformular einer türkischen Bank

8 B   Praktische Sätze zum Thema ,Bank'

Banka (postane) ne zaman açılıyor/kapanıyor?
Wann öffnet/schließt die Bank (die Post)?

Bozuk paranız var mı?
Haben Sie Kleingeld?

Bana para bozabilir misiniz?
Können Sie mir Geld wechseln?

Nerede para değiştirebilirim?
Wo kann ich Geld umtauschen?

...DM (Şilin, İsviçre Frangı) karşılığında kaç Türk Lirası alırım?
Wieviel Pfund bekomme ich für ... DM (Schilling, Schweizer Franken)?

Benim için para gelmiş mi?
Ist für mich Geld eingegangen?

Aufbauwortschatz: Bank

Alman Markı	Deutsche Mark
banka	Bank
banka hesabı	Bankkonto
banknot	Geldschein
bozdurmak	(um)wechseln (lassen)
bozmak	(um)wechseln
bozuk para	Kleingeld
çek	Scheck
çek defteri	Scheckheft
çek kartı	Scheckkarte
değiştirmek	umwechseln
doldurmak	ausfüllen
döviz	Devisen

formüler	Formular
gişe	Schalter
havale	Überweisung
hesap	Konto
hesap açtırmak	ein Konto eröffnen
hesap cüzdanı	Sparbuch
imza	Unterschrift
imzalamak	unterschreiben
İsviçre Frangı	Schweizer Franken
kambiyo	Wechselstelle
kredi	Kredit
kredi mektubu	Kreditbrief
kredi kartı	Kreditkarte
kur	Wechselkurs
Lira	s. *Türk Lirası*
makbuz	Quittung
nakit para	Bargeld
ödeme	(Aus-, Be-)Zahlung
ödemek	(aus-, be-)zahlen
para	Geld
para çekmek	abheben
para yatırmak	einzahlen
rayiç	Wechselkurs
seyahat çeki	Reisescheck
Şilin	Schilling
tasarruf	Ersparnis
tasarruf hesabı	Sparkonto
tediye	s. *ödeme*
TL	Abk. für *Türk Lirası*
tutar	Summe
Türk Lirası	türkisches Pfund
ufak para	Kleingeld
vezne	Bankschalter
yekun	Betrag

Hürriyet

9 Mayıs 1986 Cuma   D 7636 A

TÜRKİYE TÜRKLERİNDİR

GÜNLÜK MÜSTAKİL SİYASİ GAZETE

Kurucusu: SEDAT SİMAVİ (1896 - 1953)

27 gümrük uzmanı gurbetçileri aydınlatacak

Gümrük kolaylığı

● Maliye ve Gümrük Bakanlığı'nın Avrupa'da çalışan yurttaşlarımız için düzenlediği "Gümrük konularında bilinçlendirme" kampanyası başladı

İzin sezonu yaklaşırken

● Gümrük kapıları, otobanlar ve trafik, Gümrük uzmanlarının Avrupa çıkarması... Suat Müftüoğlu'nun yazısı 12. sayfamızda...

● Gümrük uzmanlarının Avrupa'daki çalışanları başladı. 27 kişilik uzman grubu Avrupa'nın çeşitli kentlerinde yurttaşlarımıza toplantılar düzenliyorlar...

● Atatürk Havalimanı Salon Gümrük Müdürü Sedat Çetinbaş, "İşçilerimize yönelteceği gümrükle ilgili çeşitli soruların cevaplandırılıp problemlerini halledeceğiz" dedi

GURBETÇİYE HİZMET İstanbul Atatürk Havalimanı Salon Gümrük Müdürü Sedat Çetinbaş ve zamanından İhsan Deniz ile Orhan Yurt da Avrupa'daki yurttaşlarımıza toplantılar düzenleyecekler. Gümrük Müdürü Çetinbaş, "Amacımız, yurttaşlarımızın daha bilinçli olarak gümrük kapılarına gönderilmiş sağlanmasıdır" (Fotoğraf: Faik KAPTAN)

● 12. sayfada

BIKTIM DAYAKTAN İzmir'de, 11 aylık evlilikte boşanmak için dava açan güzel Yeşim, 3. Asliye Hukuk Mahkemesi'ndeki duruşmada uslu anlattı. 18 yaşındaki Yeşim Çayır, "Kocam bana hakaret etti, dövdü, hakaretle bir daha dayak yemektim. (Fotoğraf: Isha - İzmir)

Güzel Yeşim, yargıca dert yandı:

"Bizimki evlilik değil, boks maçı"

● 11 aylık evlilikleri nin 5 ayını birlikte geçirdiklerini söyleyen 18 yaşındaki genç kadın, "Kocam her gün dayak atıyor. Bu mazlum hep böyle mi nikâhlı oluyor?" diyor...

İmar Affı'nda cezalı harç

● Af için başvurularak halde ruhsat harcı ödemeyenlerden bu para "gecikme zammı" ile birlikte alınacak...

● 12. sayfada

SEVGİ BAĞI BİTTİ Selahattin Çırakoğlu isimli sanayi malik Kızılay'daki bir lokantada, mola sırasında eşiyle birlikte, şiddetli tartışmaya kalktı, mola süresi 'Arkanızda eşiniz bağlı kalmadı" sözleriyle konuştu.

"Oyumu da vereceğim, kürsüsünde de konuşacağım"

Ecevit'ten DSP'ye tam destek

Esen UNUR

DSP'nin, 18 Mayıs'ta Ankara'da yapacağı toplantıda konuşulacak olan Eski Başbakan ve CHP Genel Başkanı Bülent Ecevit, "Şimdi hem destekleyeceğim, oyumu vereceğim bir parti var hem de partiyi destekleyeceğim ve açıklayabiliriz durumdayım" dedi.

● Bülent Ecevit, yeni partiyi destekleyeceğini ve ona oy vereceğini, o partiye yapacağı anlamda "bağlanık bırakmak" anlamına gelmeyeceğini söyledi.

Demirel'in faturalarını kim ödedi?

● Süleyman Demirel'in özel faturalar' konusunda Hürriyet muhabirinin yönelttiği sorusu cevapsız bırakı. Yazıların kendine cevaplandırılması kendisine gönderdi...

İşte Yazar'ın kasaları

● Bugünlerde park kurmaya hazırlanan Mehmet Yazar'a bazı holdingler aralıksız ilgili gösterdiği Yusuf Özer'in de sahiplerinde olduğu Özer mümin işçi konuştu.

Sınava 24 saat kaldı

Geçmişteki gündüzlerine katan kimseleri katan bilindi bölünebilir. İçin durup dinlenmenin zataylerdim. Bir günden de sürdü

Minik yüreklerde büyük heyecan

● Anadolu liseleri ile özel Türk ve yabancı okulların sınavı, yarın 28 il merkezi. Lefkoşa ve Trabluş'ta yapılacak. 134 bin 436 minik öğrenci ve ailelerin büyük heyecanı şimdiden yaşamaya başlayacak. Fenliler'in ikinci basamak sınavı da bugün yapılıyor.

● 12. sayfada

DÜNÜ MÜHAYYET
636.375 - Türkiye Baskısı
109.844 - Avrupa Baskısı
746.219 - Adet Basılmıştır

Yeni cami muayeneye alındı

Kayma, tüm bölgede

● **DALAN:** 'Caminin zemin mekanığı daha detaylı yapılacak. Yüzlerce telefon aldık. Kültür mirası korumak bizim elimizdedir gelen yurattaşlar.'

● PROF TÖGROL: 'Kayma, sadece Yenicami'de değil, tüm bölgede ser. Halk kıyısında bu, çok Boğaziçi Üniversitesi Rektörü Prof. Ergün Toğrol, Yenicami'deki kayma hızının aşağılık ölçümesi için sondaj metoduna başvurulması gerektiğini de belirtti.

● 8. sayfada

Reagan'ın namlusu Suriye'ye döndü

● BÜYÜK GÖZDAĞI: ABD Başkanı, Tokyo Zirvesi nedeniyle düzenlediğin basın toplantısında, 'Libya müşahakesi: terörü desteklerken doğu ülkelerin de başına gelecektir" dedi.

● 8. sayfada

Meclis'te "Mebus Pazarı" kuruldu

● Kulislerde sıkı pazarlık var. SHP'li Canver, bir pazarlık odası kurulması gerçekleştireceği transferin 20'ye yükseltti. ANAP bunun onlarla gerçekleştireceği transferini 20'ye yükseltti.

● 12. sayfada

Haldun Taner'i kaybettik

● Türk edebiyat, sanat ve düşünce dünyasının büyük adamı. 1983 yılında Sedat Simavi Vakfı Edebiyat Ödülü'nu kazanmıştı. Modern edebiyatımızın kadınlığından İstanbul Gogüs Cerrahisi Merkezi'nde hayata gözlerini yuman Haldun Taner'in yarın Teşvikiye Camii'nde kılınacak yanaşıyor öğle namazını müteakip Zincirlikuyu Mezarlığı'nda toprağa verilecek.

● 12. sayfada

9 Haben Sie deutsche Zeitungen? (Sizde Almanca Gazete Var mı?)

9 A   Text 16   Küçük Satış kulübesinde

(Personen: Rolf, Verkäufer)

R.: Sizde Almanca gazete, dergi, kitap var mı?
V.: Almanca gazete ve dergi var ama, kitap yok.
R.: Hangi gazeteler var?
V.: Süddeutsche Zeitung ve Frankfurter Allgemeine var.
R.: Çok güzel. Bir tane Süddeutsche Zeitung ve bir de Türkçe gazete istiyorum. Bir Hürriyet verin, lütfen.
V.: Tabii efendim, buyurun.
R.: Bir paket sigara ve pipo tütünü de istiyorum. Bir kutu da kibrit, lütfen.

Übersetzung *Am Kiosk*

R.: Haben Sie deutsche Zeitungen, Zeitschriften und Bücher?
V.: Wir haben deutsche Zeitungen und Zeitschriften, aber keine Bücher.
R.: Welche Zeitungen haben Sie?
V.: Süddeutsche Zeitung und Frankfurter Allgemeine.
R.: Sehr schön. Geben Sie mir eine Süddeutsche Zeitung und auch eine türkische Zeitung. Eine Hürriyet, bitte.
V.: Hier bitte.
R.: Ich möchte auch ein Päckchen Zigaretten und Pfeifentabak. Und auch eine Schachtel Streichhölzer, bitte.

Titelblatt der Zeitung Hürriyet

Text 17 Çarşıda

(Personen: Helga, Tülin, Verkäufer)

H.: Çarşı ne kadar güzel ve hareketli.
T.: Evet, öyle. Burada her şey bulunur. Burası İstan-
 bul'un meşhur balık pazarı.
H.: Meyveler ve sebzeler çok taze. Ne kadar çok balık
 çeşidi var, değil mi?
T.: Biraz meyve alalım mı?
H.: İyi fikir. Şu manava girelim.
V.: Buyurun?
T.: Nar kaça?
V.: Kilosu 400 Lira.
T.: Bize bir kilo nar verin, lütfen.
H.: Sonra da karşıdaki markete gidelim ve pastırma
 alalım.
T.: İyi olur. Canım çok pastırma istiyor.

Übersetzung *Auf dem Marktplatz*

H.: Wie schön und belebt der
 Markt ist.
T.: Ja, so ist es. Hier kann
 man alles finden. Das ist
 der berühmte Fischmarkt
 von Istanbul.
H.: Das Obst und Gemüse
 sind sehr frisch. Wieviele
 Fischsorten es gibt, nicht
 wahr?

Der Fischmarkt in Istanbul

T.: Sollen wir etwas Obst kaufen?
H.: Gute Idee. Gehen wir zu diesem Obsthändler.
V.: Was darf's sein?
T.: Was kosten die Granatäpfel?
V.: Ein Kilo 400 Lira.
T.: Geben Sie uns ein Kilo Granatäpfel, bitte.
H.: Und dann gehen wir zu diesem Supermarkt gegen-
über und kaufen Pastırma.
T.: Ja, machen wir. Ich habe großen Appetit auf Pa-
stırma.

93

9 B Praktische Sätze zu den Themen
‚Rauchen‘, und ‚Einkaufen‘

Sigara içiyor musun(uz)?
Rauchst du (rauchen Sie)?

Sigara kullanıyor musunuz?
Rauchen Sie?

Evet, sigara içerim (oder: *kullanırım*)
Ja, ich rauche.

Hayır, sigara içmem (oder: *kullanmam*).
Nein, ich bin Nichtraucher.

Sende (sizde) ateş var mı?
Hast du (haben Sie) Feuer?

Lütfen çakmağımı doldurur musunuz?
Würden Sie bitte mein Feuerzeug füllen?

Sizde ... bulunur mu?
Haben Sie ...?

Bir kilo (yarım kilo, yüz gram) ..., lütfen.
Ich hätte gerne ein Kilo (ein Pfund, 100 Gramm) ...

... kaça?   *Nerede ödeyeceğim?*
Was kostet ...?   Wo soll ich bezahlen?

Kasada.
An der Kasse.

Aufbauwortschatz: Raucherbedarf

çakmak	Feuerzeug
çakmak benzini	Feuerzeugbenzin
çakmak taşı	Feuerstein
filtreli sigara	Filterzigarette
kibrit	Streichhölzer

Schuhputzer

kutu	Schachtel
pipo	Pfeife
pipo temizleyicisi	Pfeifenreiniger
pipo tütünü	Pfeifentabak
puro	Zigarre
küçük puro	Zigarillo
sigara	Zigarette
sigara içmek	rauchen
tütün	Tabak
tütüncü	Tabakladen

95

Kiosk, Lebensmittelhändler, Obst und Gemüse, Marktplatz

ahududu	Himbeere
ananas	Ananas
armut	Birne
ayva	Quitte
badem	Mandeln
bakkal	Lebensmittelladen oder -händler
bakla	Saubohnen
balık	Fisch
balık pazarı	Fischmarkt
balıkçı	Fischer
bezelye	Erbsen
ceviz	Walnuß
çarşı	Markt
çilek	Erdbeeren
dergi	Zeitschrift
dolmalık biber	Paprikaschoten
domates	Tomate
dut	Maulbeeren
dükkân	Laden
elma	Apfel
enginar	Artischocken
erik	Pflaumen
fasulye	Bohnen
fındık	Haselnüsse
francala	türkisches Weißbrot
gazete	Zeitung
gazeteci	Zeitungsverkäufer
havuç	Karotten
hurma	Datteln
ıspanak	Spinat

Sesamkringelverkäufer

incir	Feigen
kabak	Kürbis
karnabahar	Blumenkohl
karpuz	Wassermelone
kayısı	Aprikosen
kavun	Zuckermelone
kereviz	Sellerie
kestane	Kastanien
kırmızı turp	Radieschen
kiraz	Kirschen

kuşkonmaz	Spargel
lahana	Kohl
manav	Obst- und Gemüseladen oder -händler
mantar	Pilze
mandalina	Mandarine
market	Supermarkt
maydanoz	Petersilie
meyve	Obst
muz	Banane
nar	Granatapfel
pancar	Rote Rüben (Beete)
pastırma	stark gewürztes Dörrfleisch
patates	Kartoffeln
patlıcan	Auberginen
pazar yeri	Marktplatz
pırasa	Lauch
portakal	Orange
sebze	Gemüse
simit	Sesamkringel
şeftali	Pfirsich
vişne	Sauerkirschen
üzüm	Weintrauben
zerdali	s. *kayısı*

Ein türkischer Supermarkt

10 Wie komme ich zum Taksim Platz? (Taksim Meydanı'na Nasıl Gidebilirim?)

10 A Text 18 Turizm Bürosunda

(Personen: Martin, Angestellter)

M.: Antalya'ya gitmek istiyorum. Sizde karayolları haritası var mı?

A.: Var, efendim.

M.: Antalya'nın şehir planı da sizde bulunur mu?

A.: Elbette. İşte bir Türkiye karayolları haritası, bir de Antalya'nın şehir planı. Otel listesi de istiyor musunuz?

M.: Evet, tabii. Antalya'da şehir turları var mı?

A.: Her otelin şehir turları vardır.

M.: Turlar kaça?

A.: Fiyatlar değişiktir.

M.: Bu bilgiler için teşekkür ederim.

A.: Rica ederim, efendim, vazifemiz.

Übersetzung *Auf dem Fremdenverkehrsamt*

M.: Ich möchte nach Antalya fahren. Haben Sie eine Straßenkarte?

A.: Ja, wir haben eine.

Straßenszene mit Bussen

M.: Haben Sie auch einen Stadtplan von Antalya?
A.: Natürlich. Hier sind eine Straßenkarte der Türkei und ein Stadtplan von Antalya. Möchten Sie auch eine Hotelliste?
M.: Ja, sicher. Gibt es auch Stadtrundfahrten in Antalya?
A.: Jedes Hotel veranstaltet Stadtrundfahrten.
M.: Was kosten die Stadtrundfahrten?
A.: Die Preise sind unterschiedlich.
M.: Vielen Dank für diese Informationen.
A.: Bitte sehr, gern geschehen.

Text 19 Affedersiniz, Bir Adres Arıyorum

(Personen: Rolf, ein Passant)

R.: Affedersiniz, bir adres arıyorum. Bana yardım edebilir misiniz?

P.: Buyurun, sorun.

R.: Taksim Meydanı'na nasıl gidebilirim?

P.: Dolmuş veya otobüsle gidebilirsiniz. Karşıdaki duraktan 21 numaralı otobüse binin. Hangi sokağı arıyorsunuz?

R.: Sıraselviler Caddesi'ne gideceğim. Orada bir arkadaşım oturuyor. Onu ziyaret edeceğim.

P.: Otobüsten ininke Taksim Meydanı'ndan geçin ve sola sapın. Aşağı yukarı yüz metre dosdoğru gideceksiniz. Sıraselviler Caddesi hemen orada.

R.: Çok teşekkürler.

Übersetzung *Entschuldigung, ich suche eine Adresse*

R.: Entschuldigung, ich suche eine Adresse. Könnten Sie mir helfen?

P.: Ja, fragen Sie ruhig.

R.: Wie komme ich zum Taksim Platz?

Fahrschein der Istanbuler Verkehrsgesellschaft

Straßenszene mit Sammeltaxi (Dolmuş)

P.: Sie können mit dem Sammeltaxi oder mit dem Bus
fahren. Nehmen Sie von der Haltestelle drüben die
Linie 21. Welche Straße suchen Sie?

R.: Ich möchte zur Sıraselviler Straße. Dort wohnt ein
Freund von mir. Ich werde ihn besuchen.

P.: Wenn Sie am Taksim Platz aus dem Bus ausstei-
gen, überqueren Sie den Taksim Platz, und biegen
Sie nach links ein. Dann gehen Sie ungefähr 100
Meter. Die Sıraselviler Straße ist gleich da.

R.: Vielen Dank.

Text 20 Sana Şehri Gezdireyim mi?

(Personen: Rolf, Ergun)

E.: Merhaba, Rolf. Geldiğine çok sevindim. Önce bir Türk kahvesi içelim. Sonra da sana şehri gezdireyim mi?

R.: Çok memnun olurum, Erguncuğum. Istanbul'da çok görülecek yerler var.

E.: Evet, öyle. Nereye gitmek istiyorsun? Topkapı Sarayı, camiler, müzeler, Galata Kulesi ... Yoksa bir Boğaz turu mu yapmak istersin?

R.: Hepsi benim için çok enteresan.

Übersetzung *Soll ich dir die Stadt zeigen?*

E.: Grüß dich, Rolf. Ich habe mich sehr gefreut, daß du gekommen bist. Laß uns zuerst einen türkischen Kaffee trinken. Soll ich dir dann die Stadt zeigen?

R.: Ich würde mich sehr freuen, mein lieber Ergun. In Istanbul gibt es viele Sehenswürdigkeiten.

E.: So ist es. Wohin möchtest du zuerst gehen? Topkapi Palast, die Moscheen, die Museen, Galata Turm ... Oder möchtest du eine Bosporus-Rundfahrt machen?

R.: Alles ist für mich sehr interessant.

10 B Praktische Sätze zum Thema ‚Erkundigung nach dem Weg'

*... -e (-a) nasıl gidebilirim (*oder: *gideceğim)?*
Wie komme ich zu(r,m) ...?

Buradan çok uzak mı?   *Evet, buradan uzak.*
Ist es weit von hier?   Ja, es ist weit von hier.

Hayır, çok yakın.
Nein, es ist ganz in der Nähe.

Sağa (sola) sapın.
Biegen Sie nach rechts (links) ab.

... -e (-a) hangi otobüs (dolmuş, vapur) gidiyor?
Welcher Bus (welches Sammeltaxi, Schiff) fährt
nach ...?

Hangi otobüse (vapura) bineceğim?
Welchen Bus (welches Schiff) soll ich nehmen?

Aktarma yapacak mıyım?   *Durak nerede?*
Muß ich umsteigen?   Wo ist die Haltestelle?

Otobüs (tren, vapur) ne zaman (nereden) kalkıyor?
Wann (von wo) fährt der Bus (der Zug, das Schiff) ab?

Otobüs (dolmuş ... -den (-dan) geçer mi?
Hält der Bus (das Sammeltaxi) in ...?

Tur saat kaçta?
Um wieviel Uhr ist die Stadtrundfahrt?

Tur kaça?
Was kostet die Stadtrundfahrt?

Nereden bilet alabilirim?
Wo kann ich die Fahrkarte kaufen?

Gidiş dönüş.   *Yalnız gidiş.*
Hin und zurück.   Nur einfach.

Aufbauwortschatz: Stadtverkehr und -besichtigung

abide	Denkmal
aktarma yapmak	umsteigen
anıt	s. *abide*
avlu	Hof
bahçe	Garten
banliyö	Vorort
banliyö treni	Nahverkehrszug
belediye	Stadtverwaltung
belediye başkanı	Bürgermeister
belediye sarayı	Rathaus
bilet	Fahrschein
biletçi	Schaffner
bina	Gebäude
binmek	einsteigen
botanik bahçesi	botanischer Garten
bulvar	Allee
büyük elçilik	Botschaft
cadde	Straße
cami	Moschee
çan	Glocke
çevre	Umgebung
din	Religion
din adamı	Geistlicher
dini ayin	Gottesdienst
dolmuş	Sammeltaxi
durak	Haltestelle
durmak	halten
elçilik	Botschaft
galeri	Galerie
geçmek	überqueren; fahren durch
gezi	Spaziergang; Ausflug
gezmek	spazierengehen; besichtigen

gitmek	gehen; fahren
görülecek yer	Sehenswürdigkeit
haç	Kreuz
harabe	Ruine
hayvanat bahçesi	Zoo
heykel	Statue, Plastik
heykeltıraş	Bildhauer
Hıristiyan	Christ; christlich
imam	Vorbeter
inmek	aussteigen
iskele	Anlegeplatz
İslam	Islam
istasyon	Bahnhof
kaldırım	Gehsteig
kale	Burg
katedral	Dom
Katolik	Katholik; katholisch
kavşak	Kreuzung
kayıp eşya bürosu	Fundbüro
kemer	Bogen
kilise	Kirche
konser	Konzert
konser salonu	Konzerthalle
konsolosluk	Konsulat
kubbe	Kuppel
kule	Turm
kütüphane	Bibliothek
liman	Hafen
meydan	Platz
mihrap	Gebetsnische
minare	Minarett
metro	U-Bahn
Müslüman	Muslim; islamisch
müze	Museum

opera	Oper
otobüs	Bus
papaz	Pfarrer
park	Park
Protestan	Protestant; evangelisch
rehber	Fremdenführer
rehberlik	Führung
resim	Bild, Gemälde
ressam	Maler
sanat	Kunst
saray	Palast
sergi	Ausstellung
sinema	Kino
sokak	Straße
sütun	Säule
şehir	Stadt
şehir merkezi	Stadtzentrum
tablo	Gemälde
taksi	Taxi
tapınak	Tempel
tiyatro	Theater
trafik	Verkehr
trafik lambası	Ampel
trafik polisi	Verkehrspolizist
tramvay	Straßenbahn
tur	(Stadt)Rundfahrt
turist	Tourist
turizim	Fremdenverkehr
turizm bürosu	(Fremden)Verkehrsbüro
tünel	Tunnel; Bezeichnung für die Istanbuler U-Bahn
üniversite	Universität
vapur	Schiff
yer	Ort

veraltı treni	U-Bahn
yön	Richtung
ziyaret	Besuch
ziyaret etmek	besuchen
ziyaret saatleri	Besuchszeit
doğru, dosdoğru, dümdüz	geradeaus
sağ	recht-
sağa	nach rechts
sağda	rechts
sağdan	von rechts
sol	link-
sola	nach links
solda	links
soldan	von links

11   Reisen mit dem Auto
(Arabayla Yolculuk)

11 A   Text 21
   Benzin İstasyonunda

(Personen: Martin, Orhan,
   Tankwart)
O.: Benzin doldurtmak
   istiyoruz.
T.: Kaç litre olacak?
M.: Tamamen doldurun,
   ful lütfen.
T.: Normal benzin mi,
   yoksa süper mi?
O.: Mazot lütfen.

M.: Arabayı yıkatmak da istiyoruz.
T.: Hemen, efendim.
O.: Yağını, radyatör suyunu, lastiklerin havasını da
   kontrol edin, lütfen.
M.: Otoyola nasıl çıkacağız? Bize yol haritasında
   gösterebilir misiniz?
T.: Üç kilometre doğru gideceksiniz. Sonra sola sapın.
O.: Teşekkürler.
T.: Güle, güle, efendim. İyi yolculuklar.

Übersetzung *An der Tankstelle*

O.: Wir möchten tanken.

T.: Wieviel Liter sollen es sein?

M.: Voll, bitte.

T.: Normalbenzin oder Super?

O.: Diesel, bitte.

M.: Wir möchten den Wagen auch waschen lassen.

T.: Ja, sofort.

O.: Prüfen Sie bitte den Ölstand, das Kühlwasser und den Reifendruck nach.

M.: Wie kommen wir zur Autobahn? Könnten Sie es uns auf der Straßenkarte zeigen?

T.: Sie fahren drei Kilometer geradeaus. Dann biegen Sie nach links ab.

O.: Vielen Dank.

T.: Auf Wiedersehen. Gute Reise.

(aus: Gırgır)
Schau dir diesen Verkehr an, Schatz. Warten wir doch,
bis die zweite Bosporusbrücke gebaut wird. Bestimmt
sind wir dann schneller auf der anderen Seite.

111

11 B Praktische Sätze zum Thema ‚Autoreise'

... gün (hafta) için otomobil kiralamak istiyorum.
Ich möchte für ... Tage (Wochen) ein Auto mieten.

Nerede bir otomobil kiralayabilirim?
Wo kann ich ein Auto mieten?

Arabayı nereden (ne zaman) alabilirim?
Wo (wann) kann ich den Wagen holen?

Arabamı nereye bırakabilirim?
Wo kann ich meinen Wagen unterstellen?

Burada park edebilir miyim?
Darf ich hier parken?

Otoparkın bekçisi var mı?
Ist der Parkplatz bewacht?

... litre benzin, lütfen.
... Liter Benzin, bitte.

Yağ doldurun, lütfen.
Füllen Sie bitte Öl nach.

Lütfen bu lastiği değiştirin.
Wechseln Sie bitte diesen Reifen.

Arabada bir arıza var.
Ich habe eine Panne.

Bir kaza yaptım.
Ich habe einen Unfall.

Lütfen polise haber verin.
Verständigen Sie bitte die Polizei

Bir doktor çağırın!
Rufen Sie bitte einen Arzt!

Şahidim olur musunuz?
Können Sie mein Zeuge sein?

İşte adresim ve sigorta numaram.
Hier sind meine Anschrift und Versicherungsnummer.

En yakın tamirhane nerede?
Wo ist die nächste Reparaturwerkstatt?

Arabamı çeker misiniz?
Können Sie meinen Wagen abschleppen?

... bozuk.
... ist defekt.

Bunu tamir edebilir misiniz?
Können Sie das reparieren?

Ne zaman tamamlanır?
Wann ist es fertig?

Hepsi ne kadar tutar?
Was wird alles kosten?

Frenler tutmuyor.
Die Bremsen funktionieren nicht.

Yedek parçanız var mı?
Haben Sie Ersatzteile?

Aufbauwortschatz: Auto, Verkehr

antifriz	Frostschutzmittel
ambulans	Krankenwagen
amortizör	Stoßdämpfer
araba	Wagen, Auto
araba anahtarı	Autoschlüssel
araba kullanmak	Auto fahren
araba lastiği	Autoreifen
araba sürmek	Auto fahren
araba vapuru	Autofähre

arıza	Panne
ayak freni	Fußbremse
azami sürat	Höchstgeschwindigkeit
bagaj	Kofferraum
benzin	Benzin
benzin bidonu	Benzinkanister
benzin doldurtmak	~ tanken
benzin istasyonu	Tankstelle
benzin pompası	Benzinpumpe
benzinci	Tankwart
bisiklet	Fahrrad
buji	Zündkerze
conta	Dichtung
çamurluk	Kotflügel
çarpışma	Zusammenstoß
debriyaj	Kupplung
dikiz aynası	Rückspiegel
dingil	Achse
direksiyon	Lenkrad
distribütör	Verteiler
egzos	Auspuff
ehliyet	Führerschein
el freni	Handbremse
emniyet kemeri	Sicherheitsgurt
far	Scheinwerfer
fren	Bremse
fren lambaları	Bremslichter
fren pedalı	Bremspedal
fren tabanı	Bremsbelag
fren yapmak	bremsen
garaj	Garage
gaz	Gas
gaz pedalı	Gaspedal
gaz vermek	Gas geben

114

hastane	Krankenhaus
hata	Fehler
hız	Geschwindigkeit
hidrolik yağ	Bremsflüssigkeit
iç lastik	Schlauch
ikaz üçgeni	Warndreieck
itfaiye	Feuerwehr
kablo	Kabel
kağnı	Ochsenkarren
kaldıraç	Hebel
kamyon	Lastwagen
kamyonet	Lieferwagen
kar zinciri	Schneekette
karavan	Wohnwagen
karbüratör	Vergaser
karoseri	Karosserie
kaza	Unfall
kısa devre	Kurzschluß
kontak	Kurzschluß; Zündung
kontak anahtarı	Zündschlüssel
korna	Hupe
korna çalmak	hupen
kriko	Wagenheber
madeni hasar	Blechschaden
marş	Anlasser
milli plaka	Nationalitätskennzeichen
minibüs	Kleinbus
motor	Motor
motor kılıfı	Motorhaube
motosiklet	Motorrad
otomobil	Auto
otopark	Parkplatz
otostop	Autostopp
otostopla gitmek	per Anhalter fahren

otoyol	Autobahn
park bekçisi	Parkwächter
park etmek	parken
park ışığı	Standlicht
park saati	Parkuhr
park yapmak	parken
park yeri	Parkplatz
piston	Kolben
plaka	Nummernschild
pompa	Pumpe
radyatör	Kühler
radyatör suyu	Kühlwasser
sapmak	abbiegen
sargı malzemesi	Verbandszeug
seyahat	Reise
sigorta	Versicherung
sigorta numarası	Versicherungsnummer
silgeç	Scheibenwischer
silindir	Zylinder
silindir başı	Zylinderkopf
sinyal lambası	Blinker
sollamak	überholen
sürat	Geschwindigkeit
sürat tahdidi	Geschwindigkeitsbegrenzung
şanzıman	Kupplung
şasi	(Fahr)Gestell
şerit	(Fahr)Spur
takometre	Tachometer
tamir	Reparatur
tamirci	Automechaniker
tamirhane	Reparaturwerkstatt
tampon	Stoßstange
taşıt	Fahrzeug
tekerlek	Rad

arka ~	Hinterrad
ön ~	Vorderrad
tornavida	Schraubenzieher
trafik	Verkehr
trafik kuralları	Verkehrsregeln
tünel	Tunnel
vana	Ventil
vantilatör	Ventilator
ventil	Ventil
vida	Schraube
vites	Gang
boş ~	Leerlauf
geri ~	Rückwärtsgang
yağ	Öl
yağ değiştirme	Ölwechsel
yağ seviyesi	Ölstand
yangın	Brand, Feuer
yangın söndürücü	Feuerlöscher
yaralanma	Verletzung
yardım	Hilfe
yardım etmek	helfen
yaya	Fußgänger; zu Fuß
yaya geçidi	Fußgängerunterführung
yedek parçalar	Ersatzteile
yedek lastik	Reservereifen
yol	Weg, Straße
yolcu	Reisender
yolculuk	Reise
zincir	Kette

12   Wie lange dauert die Fahrt?
(Yolculuk Ne Kadar Sürüyor?)

12 A   Text 25   Seyahat Acentasında

(Personen: Rolf, Ergun, Angestellter im Reisebüro)

R.: İzmir'e nasıl gidebiliriz?

A.: Otobüsle, trenle, gemiyle gidebilirsiniz. Uçak seferleri de var.

E.: Uçak pahalı olur her halde. Gemi yolculuğu da uzun sürer. En yisi otobüsle gitmek. Otobüs ne zaman ve nereden kalkıyor?

A.: Çeşitli otobüs şirketlerinin sürekli seferleri var. Her saat otobüs bulabilirsiniz. Otobüsler Topkapı'daki otogardan kalkar.

R.: Yolculuk ne kadar sürüyor?

A.: Aşağı yukarı on saat.

R.: Her gün İzmir'e tren var mı?

A.: Bir dakika, TCDD tarifesine bakayım.

E.: Öğrenci indirimi var mı acaba?

A.: Yalnız tren için öğrenci indirimi var, otobüs için indirim yok.

E.: İzmir'den sonra Güney'e doğru yolculuğumuzu sürdürmek istiyoruz. Bize görmek için nereleri tavsiye edersiniz?

Zugfahrkarte

```
Seri : 102              (M. 3175)

        T C D D

İSTANBUL — HALKALI

  BANLİYÖ BİLETİ

      (50 TL.)
```

Im Istanbuler Hauptbahnhof

A.: Bodrum, Marmaris ve Fethiye'ye gidebilirsiniz.
Bodrum'da hayat çok canlıdır Marmaris ve Fet-
hiye daha sakindir ama, oralarda doğa çok güzel-
dir. Ölüdeniz ve çam ormanlarını çok beğenecek-
siniz.

R.: Bu bilgiler için çok teşekkür ederiz.

Übersetzung *Im Reisebüro*

R.: Wie können wir nach Izmir fahren?

A.: Sie können mit dem Bus, mit dem Zug, mit dem
Schiff fahren. Es gibt auch Flugverbindungen.

E.: Fliegen ist wahrscheinlich teuer. Und die Schiffs-
reise dauert lang. Am besten fahren wir mit dem
Bus. Wann und wo fährt der Bus ab?

119

A.: Verschiedene Busgesellschaften bieten regelmä-
ßige Busverbindungen. Sie können jede Stunde ei-
nen Bus finden. Die Busse fahren vom Busbahn-
hof in Topkapi ab.
R.: Wie lange dauert die Fahrt?
A.: Ungefähr zehn Stunden.
R.: Gibt es jeden Tag einen Zug nach Izmir?
A.: Einen Moment, ich schaue im Fahrplan der Staat-
lichen Bahn nach.

EMİNÖNÜ - KAVAKLAR
BOĞAZİÇİ ÖZEL GEZİ SEFERLERİ

PAZAR ve BAYRAM GÜNLERİ YAPILMAZ.

Sefer No.	6	8		Sefer No.	27	29	
Eminönü	10 30	13 35		A.Kavağı K	15 00	17 10	
B.Hay.Paşa	10 45	13 50		R. Kavağı	15 10	17 20	
			1 Aralık 1985 ile 1 Nisan 1986 tarihleri arasında yapılmaz.	Sarıyer	15 20	17 30	1 Aralık 1985 ile 1 Nisan 1986 tarihleri arasında yapılmaz.
				Yeniköy	15 45	17 55	
Emirgan	11 15	14 20					
Kanlıca	11 25	14 30		Kanlıca	15 55	18 05	
Yeniköy	11 35	14 40		Emirgan	16 05	18 15	
Sarıyer	12 00	15 05					
R. Kavağı	12 15	15 20		B.Hay.Paşa	16 35	18 40	
A. Kavağı V	12 25	15 30		Eminönü	16 50	18 55	

Schiffsfahrplan

120

E.: Gibt es auch Studentenermäßigung?

A.: Nur für den Zug gibt es Studentenermäßigung, für den Bus gibt es keine Ermäßigung.

E.: Nach Izmir möchten wir unsere Reise in Richtung Süden fortsetzen. Welche Orte würden Sie uns empfehlen zu besichtigen?

A.: Sie können nach Bodrum, Marmaris und Fethiye fahren. In Bodrum ist das Leben sehr rege. Marmaris und Fethiye sind ruhiger, aber in diesen Gegenden ist die Natur sehr schön. Das Tote Meer und die Tannenwälder werden Ihnen sehr gut gefallen.

R.: Wir bedanken uns für diese Information.

12 B   Praktische Sätze zum Thema ‚Reisen mit Bus, Zug und Schiff'

Otogar nerede?
Wo ist der Busbahnhof?

... otobüsü (treni, vapuru) ne zaman (nereden) kalkıyor?
Wann (wo) fährt der Bus (der Zug, das Schiff) nach ... ab?

... -e (-a) gidiş dönüş (birinci mevki) bir bilet, lütfen.
Eine Fahrkarte nach ... hin und zurück (1. Klasse), bitte.

Kuşetlide (yataklıda) bir yer istiyorum.
Ich möchte einen Liegewagenplatz (Schlafwagenplatz).

... -de (-da) ne zaman olacağız?
Wann werden wir in ... sein?

Bagajımı sigorta ettirmek istiyorum.
Ich möchte mein Gepäck versichern.

... treni hangi perondan kalkıyor?
An welchem Bahnsteig fährt der Zug nach ... ab?

... treni ne zaman (hangi perona) geliyor?
Wann (an welchem Bahnsteig) kommt der Zug aus ... an?

Trenin gecikmesi (oder rötarı) var mı?
Hat der Zug Verspätung?

Tren ... -den (-dan) geçer mi?
Fährt der Zug über ...?

Burada sigara içilir mi?
Darf man hier rauchen?

... bavul eksik.
Es fehlen ... Koffer.

Bagajım kayboldu.
Mein Gepäck ist verloren.

Vagon restoran (yemek salonu) nerede?
Wo ist der Speisewagen (Speisesaal)?

... numaralı kamarayı arıyorum.
Ich suche Kabine Nr. ...

Deniz tutmasına karşı ilacınız var mı?
Haben Sie ein Mittel gegen Seekrankheit?

Hangi limanlara uğranıyor?
Welche Häfen werden angelaufen?

Aufbauwortschatz: Zug und Schiff

ada	Insel
arabalı tren	Autoreisezug
bagaj	Gepäck
bilet	Fahrkarte
bilet gişesi	Fahrkartenschalter
biletçi	Schaffner

cankurtaran simidi	Rettungsring
çapa	Anker
dalga	Welle
demiryolu	Eisenbahn
deniz	Meer
deniz tutması	Seekrankheit
dönüş	Rückfahrt
dönüş bileti	Rückfahrkarte
dümen	Steuer
ekspres	Expreßzug
emanet(çi)	Gepäckaufbewahrung
eşya filesi	Gepäcknetz
fener kulesi	Leuchtturm
feribot	Fähre
gar	Bahnhof
gelmek	(an)kommen
gemi	Schiff
gemi doktoru	Schiffsarzt
gemi turu	Kreuzfahrt
gidiş dönüş	hin und zurück
güverte	Deck
hareket	Abfahrt
hareket cetveli	Fahrplan
hareket etmek	abfahren
hız	Geschwindigkeit
indirim	Ermäßigung
iskele	Anlegeplatz
istasyon	Bahnhof
kalkış	Abfahrt
kalkmak	abfahren
kamara	Kabine
kamarot	Steward
kaptan	Kapitän
kayık	Boot

kıyı	Ufer
kompartıman	Abteil
kondüktör	Eisenbahnschaffner
kuşetli vagon	Liegewagen
kürek	Ruder
kürek çekmek	rudern
liman	Hafen
lokomotif	Lokomotive
mil	Meile
mürettebat	Besatzung
numara kuponu	Platzkarte
pencere kenarı	Fensterplatz
peron	Bahnsteig
peron bileti	Bahnsteigkarte
ray	Gleis
rezervasyon	Buchung
rıhtım	Kai
sahil	Küste; Ufer; Strand
sandal	Boot
sürat	Geschwindigkeit
sürat katarı	Eilzug
şamandıra	Boje
şezlong	Liegestuhl
tarife	Fahrplan
tayfa	Matrose
TCDD	Abk. für die türk. Staatliche Eisenbahn
tenzilat	s. *indirim*
tren	Zug
vagon	Waggon
vagon restoran	Speisewagen
vapur	Schiff
varış	Ankunft
varmak	ankommen

yat	Jacht
yataklı vagon	Schlafwagen
yelken	Segel
yemek salonu	Speisesaal
yolcu	Passagier
yolcu gemisi	Passagierschiff
yolcu treni	Personenzug
zam	Zuschlag

Tageszeiten, Zeitausdrücke

sabah	Morgen
sabahleyin	am Morgen
sabahları	morgens
öğle(n)	Mittag
öğleyin	am Mittag
öğleden önce	(am) Vormittag
öğleden sonra	(am) Nachmittag
akşamüstü, akşam üzeri	gegen Abend
akşam	Abend
akşamleyin	am Abend
akşamları	abends
gece	Nacht
geceleyin	in der Nacht
geceleri	nachts
evvelki gün	vorgestern
dün	gestern
bugün	heute
yarın	morgen
öbürgün	übermorgen
geçen	letzt-
gelecek	nächst-
saniye	Sekunde
dakika	Minute
saat	Stunde

125

13 Darf man hier zelten?
(Burada Çadır Kurmak Serbest mi?)

13 A Text 23 Kamp

(Personen: Rolf, Ergun, Wächter)

R.: Burada çadır kurmak serbest mi?

W.: Hayır, burada çadır kuramazsınız. Ama yakında bir kamp yeri var.

E.: Oraya nasıl gidilir? Yolu bize haritada gösterebilir misiniz?

W.: Tabii. Aşağı yukarı iki kilometre dosdoğru gidin, sağda deniz kenarında kamp yerini göreceksiniz.

R.: Çok güzel.

W.: Karavan için yere ihtiyacınız var mı?

E.: Hayır, biz yalnız çadır kuracağız. Kamp yerinin günlüğü kişi başına ne kadar?

W.: 2000 Lira.

R.: Kamp yerinin gece bekçisi var mı?

W.: Elbette.

126

Übersetzung *Camping*

R.: Darf man hier zelten?

W.: Nein, hier dürfen Sie nicht zelten. Aber in der Nähe gibt es einen Campingplatz.

E.: Wie kommt man dahin? Können Sie uns den Weg auf der Karte zeigen?

W.: Klar. Gehen Sie ungefähr zwei Kilometer geradeaus, rechts am Meer werden Sie den Campingplatz sehen.

R.: Sehr schön.

W.: Brauchen Sie Platz für einen Wohnwagen?

E.: Nein, wir werden nur zelten. Wie hoch ist die Campinggebühr pro Tag und pro Person?

W.: 2000 Lira.

R.: Ist der Campingplatz nachts bewacht?

W.: Selbstverständlich.

Text 24 **Burada ne kadar kalacaksınız?**

(Personen: Helga, Tülin, Ergun, Rolf)

T.: Aaa, siz de mi Marmaris'tesiniz? Selam arkadaşlar!

E.: Selam, Helga Hanım ve Tülin Hanım!

H.: Burada ne kadar kalacaksınız?

R.: Sadece bir hafta. Sonra Istanbul'a döneceğiz.

T.: Biz de bir hafta sonra Istanbul'a dönüyoruz. Orada Orhan ve Martin'le buluşacağız.

E.: Çok iyi. O halde ben de hepinizi Istanbul'daki evime davet ediyorum. Bir parti vereceğim.

H.: Bu harika olur.

Übersetzung *Wie lange seid ihr noch hier?*

T.: Ah, seid ihr auch in Marmaris? Hallo, Freunde!

E.: Hallo, Frau Helga und Frau Tülin!

H.: Wie lange seid ihr noch da?

R.: Nur eine Woche. Dann fahren wir nach Istanbul zurück.

T.: Auch wir fahren nach einer Woche nach Istanbul zurück.

E.: Sehr schön. Dann lade ich euch alle in meine Wohnung in Istanbul ein. Ich werde eine Party geben.

H.: Das wäre ja herrlich.

13 B   Praktische Sätze zum Thema ‚Camping'

Burada cereyan var mı? Kaç volt?
Gibt es hier einen Stromanschluß? Wieviel Volt?

Burada yiyecek satan bir yer var mı?
Wo kann ich hier Lebensmittel kaufen?

Burada diskotek var mı?
Gibt es hier eine Discothek?

Tuvaletler (lavabolar, duşlar, çöp tenekeleri) nerede?
Wo sind die Toiletten (Waschräume, Duschen, Abfallbehälter)?

Nerede gaz tüpü bulabilirim?
Wo kann ich eine Gasflasche finden?

Çadır (karavan, araba) ücreti ne kadar?
Wie hoch ist die Gebühr für das Zelt (den Wohnwagen, das Auto)?

Bana bir ... ödünç verebilir misiniz?
Können Sie mir ein(e) ... leihen?

Yakında bir ... var mı?
Gibt es in der Nähe ein(e, n) ...?

128

Aufbauwortschatz: Camping

bidon	Kanister
buz çantası	Kühltasche
buz dolabı	Kühlschrank
cereyan	Stromanschluß
çadır	Zelt
çadır kurmak	zelten, Zelt aufschlagen
çöp tenekesi	Abfallbehälter
duş	Dusche
gaz ocağı	Gaskocher
gaz tüpü	Gasflasche
içme suyu	Trinkwasser
ispirto ocağı	Spirituskocher
kamp	Camping
kamp yeri	Campingplatz
kamp yöneticisi	Campingführer
karavan	Wohnwagen
kira	Miete
\lavabo	Waschbecken
musluk	Wasserhahn
oyun sahası	Spielplatz
sırt çantası	Rucksack
tuvalet	Toilette
uyku tulumu	Schlafsack
üye kartı	Mitgliedskarte
ütü	Bügeleisen
ütülemek	bügeln
volt	Volt
yazlık ev	Ferienwohnung

14 Es sieht nach Regen aus
(Yağmur Yağacağa Benziyor)

14 A Text 25 Hava

(Personen: Tülin, Helga, Ergun, Rolf)

T.: Eyvah, hava bozuyor galiba.

R.: Öyle. Yağmur yağacağa benziyor.

H.: Gökyüzü birdenbire bulutlandı. Her halde fırtına çıkacak.

E.: Sahildeki kahveye gidelim. Yoksa sucuk gibi ıslanacağız.

(aus: Renk) Wenn man in Istanbul lebt, kann man nicht unterwegs sein, ohne zwei Schirme zu haben.

T.: Hava yağmurlu olursa kampta kalamayız. Hemen Istanbul'a dönelim.
R.: Ama belki hava yarın yine açar.

Übersetzung *Das Wetter*

T.: O weh, das Wetter schlägt um.
R.: Ja, ja. Es sieht nach Regen aus.
H.: Der Himmel hat sich plötzlich bewölkt. Wahrscheinlich gibt's gleich ein Gewitter.
E.: Gehen wir doch zum Café am Strand. Sonst werden wir patschnaß werden.
T.: Wenn es Regenwetter gibt, können wir nicht mehr auf dem Campingplatz bleiben. Fahren wir sofort nach Istanbul zurück.
R.: Aber vielleicht wird das Wetter morgen wieder schön.

14 B Praktische Sätze zum Thema ‚Wetter'

| *Hava nasıl?* | | *Hava ısınıyor/soğuyor.* | |
| Wie ist das Wetter? | | Es wird wärmer/kälter. | |

Hava	*güzel*	*sıcak*	*soğuk*
Es ist	schön	warm	kalt
	kötü	*yağmurlu*	*güneşli*
	schlecht	regnerisch	sonnig
	değişken	*bunaltıcı*	*bulutlu*
	unbeständig	schwül	bewölkt
	bulutsuz		
	wolkenlos.		

Barometre yükseliyor/düşüyor.
Das Barometer steigt/fällt.

Güneş parlıyor/yakıyor.
Die Sonne scheint/brennt.

Gök gürlüyor.
Es donnert.

Şimşek çakıyor.
Es blitzt.

Yağmur/kar/dolu yağıyor.
Es regnet/schneit/hagelt.

Hava rüzgârlı/sisli.
Es ist windig/neblig.

... yolunun durumu nasıl?
Wie ist der Zustand der Straße nach ...?

Bugün kaç derece?
Wieviel Grad haben wir heute?

... derece sıfırın altında/üstünde.
Es ist ... Grad unter/über Null.

Güneş doğuyor (batıyor).
Die Sonne geht auf (unter).

Aufbauwortschatz:
Wetter- und Naturerscheinungen; Geographie

açık	klar, wolkenlos
alçak basınç	Tief
ay	Mond; Monat
aydınlık	hell; Helligkeit
barometre	Barometer
basınç	Druck
batı	Westen, westlich
batmak	untergehen
bulut	Wolke
bulutlu	bewölkt
bulutsuz	wolkenlos
buz	Eis
coğrafya	Geographie
çiğ	Tau

çöl	Wüste
dağ	Berg
dere	Bach
derece	Grad
doğa	Natur
doğmak	aufgehen
doğu	Osten, östlich
dolu	Hagel
don	Frost
fırtına	Gewitter
gök(yüzü)	Himmel
gök gürültüsü	Donner
göl	See (der)
güneş	Sonne
güneş batışı	Sonnenuntergang
güneş doğuşu	Sonnenaufgang
güney	Süden, südlich
hava	Wetter; Luft
hava basıncı	Luftdruck
hava raporu	Wetterbericht
hava tahmini	Wettervorhersage
ırmak	Fluß
ısı	Temperatur
iklim	Klima
kapalı	bewölkt
kar	Schnee
kar fırtınası	Schneesturm
kar zinciri	Schneekette
karanlık	dunkel; Dunkelheit
koru	Forst
kuzey	Norden; Nord
nehir	Fluß
orman	Wald
rüzgâr	Wind

rüzgârlı	windig
sağanak	Wolkenbruch
sıradağ	Gebirge
sis	Nebel
sisli	neblig
şimşek	Blitz
tabiat	Natur
tepe	Hügel
yağış	Niederschlag
yağmak	regnen, schneien
yağmur	Regen
yağmurlu	regnerisch
yıldırım	Blitz(schlag)
yıldız	Stern
yüksek basınç	Hoch
zelzele	Erdbeben

15   Wo ist die nächste Polizeistation?
(En yakın Polis Karakolu Nerede?)

15 A   Text 26   Poliste

(Personen: Martin, Orhan)

M.: Orhan, cüzdanımı bulamıyorum. Sen gördün mü?

O.: Hayır, Martin, görmedim. Cüzdanında kaç para vardı?

M.: 1000 Mark kadar para, kimliğim ve pasaportum vardı.

O.: Acaba çalındı mı?

M.: Bilmiyorum. Belki de kaybolmuştur.

O.: En iyisi bunu hemen polise bildirelim.

M.: En yakın polis karakolu nerede, biliyor musun?

O.: Şimdi sorar, öğreniriz.

Übersetzung *Bei der Polizei*

M.: Orhan, ich kann meine Brieftasche nicht finden. Hast du sie gesehen?

O.: Nein, Martin, ich habe sie nicht gesehen. Wieviel Geld hattest du in deiner Brieftasche?

M.: Etwa 1000 Mark, meinen Personalausweis und meinen Paß.

O.: Ob sie gestohlen wurde?

M.: Ich weiß nicht. Vielleicht ist sie verlorengegangen.

O.: Am besten zeigen wir das gleich bei der Polizei an.

M.: Weißt du, wo die nächste Polizeistation ist?

O.: Wir fragen jetzt und erfahren's dann.

15 B Praktische Sätze zum Thema ‚Polizei'

İmdat!   *Hırsız var!*
Hilfe!   Haltet den Dieb!

Bir hırsızlığı (saldırıyı, kazayı, kaybı) bildirmek istiyorum.
Ich möchte einen Diebstahl (Überfall, Unfall, Verlust) anzeigen.

Cüzdanım (çantam, bavulum, fotoğraf makinem, arabam) çalındı.
Mir ist die Brieftasche (die Tasche, der Koffer, der Fotoapparat, das Auto) gestohlen worden.

Cüzdanımı (çantamı, fotoğraf makinemi, bavulumu) kaybettim.
Ich habe meine Brieftasche (Tasche, meinen Fotoapparat, Koffer) verloren.

Bana yardımcı olabilir misiniz?
Können Sie mir helfen?

Konsolosla (bir avukatla, tercümanla) görüşmek istiyorum.
Ich möchte mit dem Konsul (mit einem Rechtsanwalt, Dolmetscher) sprechen.

Ben suçsuzum.
Ich bin unschuldig.

Aufbauwortschatz: Polizei

avukat	Rechtsanwalt
bildirmek	anzeigen
cezaevi	Gefängnis
cüzdan	Brieftasche
el çantası	Handtasche

136

evrak çantası	Aktentasche
fotoğraf makinesi	Fotoapparat
hakim	Richter
hapishane	Gefängnis
hırsız	Dieb
hırsızlık	Diebstahl
hüküm	Urteil
ihbar etmek	anzeigen
kaçakçılık	Schmuggel
karakol	Polizeistation
kaybetmek	verlieren
kayıp	Verlust; verloren
kaza	Unfall
para çantası	Geldtasche
polis	Polizei; Polizist
polis arabası	Polizeiwagen
polis karakolu	s. *karakol*
polis memuru	Polizist
rahatsız etmek	stören
saldırı	Überfall
suç	Schuld
suçlu	schuldig
suçsuz	unschuldig
şantaj	Erpressung
tercüman	Dolmetscher
tevkif	Verhaftung
tevkif etmek	verhaften
tutuklamak	verhaften
uyuşturucu madde	Rauschgift
yargıç	s. *hakim*

16 Was haben Sie für Beschwerden? (Şikâyetleriniz Ne?)

16 A Text 27 Rolf Hasta

(Personen: Ergun, Tülin)

E.: Rolf çok hasta.

T.: Nesi var?

E.: Her halde geçen gün yağmurda üşüttü.

T.: Bir doktor çağıralım. Burada nerede doktor vardır?

E.: Kamp doktoru bugün izinli. Rolf'u şehirdeki bir doktora götürmem gerek. İnşallah öğleden sonra muayene saati vardır.

Übersetzung *Rolf ist krank*

E.: Rolf ist sehr krank.

T.: Was hat er?

E.: Wahrscheinlich hat er sich neulich bei dem Regen erkältet.

T.: Rufen wir einen Arzt. Wo gibt es hier einen Arzt?

E.: Der Campingarzt hat heute frei. Ich muß Rolf zu einem Arzt in der Stadt bringen. Hoffentlich hat er am Nachmittag Sprechstunde.

Text 28   Doktorda

(Personen: Rolf, Arzt)

A.: Neyiniz var? Şikâyetleriniz ne?

R.: Birkaç günden beri kendimi iyi hissetmiyorum. Bugün de çok ateşim var. Boğazım ağrıyor ve öksürüyorum.

A.: Terlemeniz de var mı?

R.: Evet, hem terliyorum, hem de çok üşüyorum.

A.: Şiddetli bir soğuk algınlığı. Size bir reçete yazıyorum. Hap ve damla. Hapı yemeklerden sonra içeceksiniz. Günde üç defa. Damlayı da kahvaltıda çayla alacaksınız.

R.: En yakın eczane nerede?

A.: Hemen köşede bir eczane var. Bir hafta yataktan çıkmayın. İyice dinlenmeniz gerek. Geçmiş olsun.

R.: Teşekkür ederim.

Übersetzung *Beim Arzt*

A.: Was fehlt Ihnen? Was haben Sie für Beschwerden?

R.: Seit einigen Tagen fühle ich mich nicht wohl. Heute habe ich auch Fieber. Ich habe Halsschmerzen, und ich huste.

A.: Schwitzen Sie auch?

R.: Ja, ich schwitze und friere zugleich.

A.: Eine starke Erkältung. Ich schreibe Ihnen ein Rezept. Tabletten und Tropfen. Die Tabletten nehmen Sie nach den Mahlzeiten. Dreimal am Tag. Die Tropfen nehmen Sie beim Frühstück mit dem Tee.

R.: Wo ist die nächste Apotheke?

A.: Gleich um die Ecke gibt es eine Apotheke. Bleiben Sie eine Woche im Bett. Sie müssen sich gründlich erholen. Gute Besserung.

R.: Vielen Dank.

16 B Praktische Sätze zum Thema
‚Apotheke, Arzt, Zahnarzt'

Nöbetçi eczane hangisi?
Welche Apotheke hat Nachtdienst?

Bu ilaçtan istiyorum.
Dieses Medikament, bitte.

Bana ... için bir ilaç verir misiniz?
Geben Sie mir bitte ein Medikament gegen ...

Başım (boğazım, midem, karnım) ağrıyor.
Ich habe Kopfschmerzen (Halsschmerzen, Magen-
schmerzen, Bauchschmerzen)

Midem bozuldu.
Ich habe mir den Magen verdorben.

Fenalaşıyorum.　　　　　*Üşüttüm.*
Mir ist schlecht.　　　　　Ich habe mich erkältet.

Buram acıyor.　　　　　*Midem bulanıyor.*
Hier tut es mir weh.　　　　Mir ist speiübel.

Başım dönüyor.
Mir ist schwindlig.

Lütfen aileme haber verin. İşte adresim.
Benachrichtigen Sie bitte meine Familie. Hier ist meine
Adresse.

Grip (nezle, ishal, kabız) oldum.
Ich habe Grippe (Schnupfen, Durchfall, Verstopfung).

Şuramda kuvvetli bir sancı var.
Ich habe hier starke Schmerzen.

Bir bebek bekliyorum.
Ich erwarte ein Baby.

Bacağım (kolum) kırıldı.
Ich habe mir das Bein (den Arm) gebrochen.

Neresi acıyor?   *Üstünüzü çıkarın.*
Wo tut es weh?   Machen Sie sich bitte frei.

Nefes alın, nefes verin.
Einatmen, ausatmen.

İyi bir diş doktoru arıyorum.
Ich suche einen guten Zahnarzt.

Dişim ağrıyor.
Ich habe Zahnschmerzen.

Bir dolgu düştü.
Eine Plombe ist herausgefallen.

Bir diş çektirmem gerek.
Ich muß einen Zahn ziehen lassen.

Bu protezi tamir edebilir misiniz?
Können Sie diese Prothese reparieren?

Aufbauwortschatz: Gesundheit, Krankheit, Körperteile

acımak	weh tun
adale	Muskel
adet bezi	Damenbinde
adet görme	Menstruation
ağız	Mund
ağrı	Schmerz
ağrımak	schmerzen
akciğer	Lunge
alın	Stirn
alkol	Alkohol
alerji	Allergie
ameliyat	Operation
ameliyat etmek	operieren

141

ameliyathane	Operationssaal
anjin	Angina
apandisit	Blinddarmentzündung
apse	Abszeß
ateş	Fieber
ayak	Fuß
ayak parmağı	Zehen
bacak	Bein
ba(ğır)sak	Darm
baş	Kopf
baş ağrısı	Kopfschmerz
baygınlık	Ohnmächtigkeit
bayılmak	ohnmächtig werden
beden	Körper
beyin	Gehirn
boğaz	Hals
boğaz ağrısı	Halsschmerz
boğmaca	Keuchhusten
böbrek	Niere
burkulma	Verstauchung, Verrenkung
burun	Nase
cerahat	Eiter
cildiyeci	Hautarzt
cilt	Haut
çene	Kinn
çıban	Furunkel
çocuk doktoru	Kinderarzt
dahiliyeci	Internist
dalak	Milz
damar	Ader
damla	Tropfen
derece	Thermometer
deri	Haut
dışarı çıkma	Stuhlgang

dil	Zunge
diş	Zahn
diş çürüklüğü	Karies
diş doktoru	Zahnarzt
diş eti	Zahnfleisch
dişçi	Zahnarzt
diz	Knie
doğum	Geburt
doğum kontrol hapı	Antibabypille
doktor	Arzt
dolgu	Zahnfüllung
dudak	Lippe
ebe	Hebamme
eczane	Apotheke
el	Hand
ense	Nacken
fitil	Zäpfchen
gargara	Gurgelwasser
gırtlak	Kehle
grip	Grippe
göğüs	Brust
göz	Auge
göz damlası	Augentropfen
göz doktoru	Augenarzt
gözlük	Brille
güneş çarpması	Sonnenstich
hamile	schwanger
hamilelik	Schwangerschaft
hap	Tablette, Pille
hasta	krank; Patient
hasta olmak	krank werden
hastalanmak	krank werden
hastalık	Krankheit
hastalık sigortası	Krankenversicherung

hastane	Krankenhaus
hemşire	Krankenschwester
idrar	Urin
iğne	Spritze
iğne yapmak	Spritzen geben
ilaç	Medikament
iltihap	Entzündung
ishal	Durchfall
iyileşmek	gesund werden
jinekolog	Gynäkologe
kabakulak	Mumps
kabızlık	Verstopfung
kaburga	Rippe
kalça	Hüfte
kalp	Herz
kalp krizi	Herzanfall
kan	Blut
kan dolaşımı	Kreislauf
kan tahlili	Blutprobe
kanama	Blutung
kanser	Krebs
karaciğer	Leber
karın	Bauch
kaş	Augenbraue
kemik	Knochen
kemik kırılması	Fraktur
kızamık	Masern
kinin	Chinin
kirpik	Wimper
klinik	Klinik
kol	Arm
kolera	Cholera
kulak	Ohr
kusmak	sich erbrechen

masaj	Massage
masaj yapmak	massieren
merhem	Salbe
metabolizma	Stoffwechsel
mide	Magen
mide ağrısı	Magenschmerzen
mide bulantısı	Brechreiz
muayene	Untersuchung
muayene etmek	untersuchen
muayene saati	Sprechstunde
müsekkin	Beruhigungsmittel
müshil	Abführmittel
nefes	Atem
nefes almak	(ein)atmen
nefes vermek	ausatmen
nezle	Schnupfen
omuz	Schulter
operatör	Chirurg
öksürmek	husten
öksürük	Husten
öksürük şurubu	Hustensaft
parmak	Finger
pratisyen doktor	praktischer Arzt
protez	Prothese
romatizma	Rheumatismus
rontken (filmi)	Röntgenaufnahme
rontken çekmek	durchleuchten
saç	Haar
safra kesesi	Gallenblase
sağlık	Gesundheit
sancı	Schmerz
sancımak	schmerzen
sarılık	Gelbsucht
sıhhat	s. *sağlık*

145

sırt	Rücken
sıtma	Malaria
sindirim	Verdauung
sinir	Nerv
sinir hastalıkları	Nervenkrankheiten
soğuk algınlığı	Erkältung
solunum	Atmung
şeker hastalığı	Zuckerkrankheit
şeker hastası	Diabetiker
şırınga	Injektionsspritze
şişlik	Anschwellung
şişmek	anschwellen
tansiyon	Blutdruck
tentürdiyot	Jod(tinktur)
termometre	Thermometer
tetanos	Tetanus
tırnak	Fingernagel
tifo	Typhus
topuk	Ferse
uyku	Schlaf
uyku hapı	Schlafmittel
uykusuzluk	Schlaflosigkeit
ülser	Magengeschwür
üşütme	Erkältung
üşütmek	sich erkälten
vücut	Körper
yanak	Wange
yanık	Brandwunde
yara	Wunde
yaralı	verletzt
yoğun bakım	Intensivstation
yüz	Gesicht
zatürre	Lungenentzündung
zehirlenme	Vergiftung

17 Ich suche ein Sommerkleid
(Yazlık Bir Elbise Arıyorum)

17 A   Text 29   Alışveriş, Pazarlık

(Personen: Helga, Tülin, Verkäuferin)

T.: İşte yine İstanbul'dayız. Dükkânlar, vitrinler ne güzel, değil mi?

H.: Evet, harika. Bana yeni giyecekler lazım. Biraz alışveriş edelim mi?

T.: Seve seve. Ben de kendime yeni bir şeyler almak istiyorum.

...

V.: Buyurun efendim?

H.: Yazlık bir elbise arıyorum. Bana yeni modellerinizi gösterir misiniz?

V.: Kaç beden olsun?

H.: 40 beden.

V.: Bunları nasıl buluyorsunuz?

T.: Renkler çok güzel.

H.: Evet ama, biçimlerini beğenmedim.

V.: Ya şunlar?

H.: Bir prova edebilir miyim?

V.: Elbette. Kabineye buyurun.

...

H.: Bu elbise nasıl?

T.: Fena değil.

H.: Ama bana çok dar geliyor. Öbür elbiseler de bol geliyor.

V.: Ya şu kırmızı elbise?

H.: O bana tam geliyor ama, rengini beğenmedim. Bunun sarısı yok mu?

V.: Var efendim, bakın.

T.: Evet, çok şık bir elbise. Helga Hanım'a da çok yakı-
şıyor.

H.: Bu elbise ne kadar?

V.: 7500 Lira.

H.: Benim için çok pahalı. Daha ucuza olmaz mı?

V.: Maalesef efendim, bizde pazarlık yoktur. Ama bir
hafta sonra ucuzluk var. İsterseniz o zaman gelin.

H.: Bir hafta sonra Almanya'da olacağım. Neyse. Bu
elbiseyi çok beğendim, alıyorum. Alman parası
veya seyahat çeki alır mısınız?

V.: Tabii efendim.

T.: Ben de bir çift pabuç almak istiyorum. Ayakkabı
numaram 38.

V.: Bunları bir prova edin. Oluyor mu?

T.: Çok güzel ama, biraz sıkıyor.

Übersetzung *Einkaufen, Handeln*

T.: Nun sind wir wieder in Istanbul. Wie schön die
Schaufenster und Läden sind, nicht wahr?

H.: Ja, wirklich sehr schön. Ich brauche neue Klei-
dung. Wollen wir ein bißchen einkaufen?

T.: Gerne. Auch ich möchte mir einige neue Sachen
kaufen.

...

V.: Was darf es sein?

H.: Ich suche ein Sommerkleid. Können Sie mir Ihre
neuen Modelle zeigen?

V.: Welche Größe soll es sein?

H.: Größe 40.

V.: Wie finden Sie diese?

T.: Die Farben sind sehr schön.

H.: Ja, aber der Schnitt gefällt mir nicht.

148

V.: Und die da?

H.: Kann ich mal anprobieren?

V.: Selbstverständlich. Gehen Sie bitte in die Umkleidekabine.

...

H.: Wie ist dieses Kleid?

T.: Nicht schlecht.

H.: Aber es ist zu eng für mich. Und die anderen Kleider sind zu weit.

V.: Und dieses rote Kleid?

H.: Es paßt mir genau, aber die Farbe gefällt mir nicht. Haben Sie das nicht in Gelb?

V.: Haben wir. Hier.

T.: Ja, dieses Kleid ist sehr schick. Und es steht Helga sehr.

H.: Was kostet dieses Kleid?

V.: 7500 Lira.

H.: Das ist zu teuer für mich. Geht es nicht billiger?

V.: Tut mir leid, bei uns wird nicht runtergehandelt. Aber in einer Woche haben wir Schlußverkauf. Wenn Sie möchten, kommen Sie in einer Woche.

H.: In einer Woche werde ich in Deutschland sein. Na ja. Dieses Kleid gefällt mir sehr gut. Ich kaufe es. Nehmen Sie auch deutsches Geld oder Reiseschecks?

V.: Selbstverständlich.

T.: Und ich möchte ein Paar Schuhe kaufen. Ich habe die Schuhgröße 38.

V.: Probieren Sie diese mal an. Passen Sie?

T.: Sie sind sehr schön. Aber sie drücken etwas.

17 B   Praktische Sätze zum Thema
‚Optiker, Fotogeschäft, Uhrmacher, Juwelier'

Bir güneş gözlüğü arıyorum.
Ich brauche eine Sonnenbrille.

Bu güneş gözlüğü kaça?
Was kostet diese Sonnenbrille?

Bu gözlüğün çerçevesini değiştirebilir misiniz?
Können Sie den Rahmen dieser Brille wechseln?

Bu gözlüğü tamir edebilir misiniz?
Können Sie diese Brille reparieren?

Bu gözlüğü ne zamana kadar tamir edebilirsiniz?
Bis wann können Sie diese Brille reparieren?

Bu filmi banyo ettirmek istiyorum.
Ich möchte diesen Film entwickeln lassen.

Bu makine için bir siyah beyaz (renkli) film istiyorum.
Ich möchte für diesen Fotoapparat einen Schwarzweiß-
film (Farbfilm).

Sizde flaş ampulü var mı?
Haben Sie Blitzlichtbirnen?

Saatim işlemiyor. Tamir edebilir misiniz?
Meine Uhr geht nicht mehr. Können Sie sie reparieren?

Bir saat kayışı arıyorum.
Ich suche ein Uhrarmband

Bir bilezik (yüzük, kolye) almak istiyorum.
Ich möchte ein Armband (einen Ring, eine Halskette)
kaufen.

Çok pahalı olmasın.
Es soll nicht sehr teuer sein.

Bu küpeler kaça?
Was kosten diese Ohrringe?

150

Aufbauwortschatz:

Geschäfte

antikacı dükkânı	Antiquitätengeschäft
ayakkabı mağazası	Schuhgeschäft
bakırcı dükkânı	Kupferwarengeschäft
bit pazarı	Flohmarkt
butik	Laden
çamaşırhane	Wäscherei
çiçekçi (dükkânı)	Blumengeschäft
deri eşya mağazası	Lederwarengeschäft
dükkân	Laden, Geschäft
elektrikçi (dükkânı)	Elektrowarengeschäft
eskici	Trödler
fırın	Bäckerei
fotoğrafçı (dükkânı)	Fotogeschäft
halıcı (dükkânı)	Teppichgeschäft
Kapalıçarşı	Überdachter Basar
kasap (dükkânı)	Fleischerladen
kırtasiye mağazası	Schreibwarengeschäft
kitapçı (dükkânı)	Buchhandlung
kunduracı	Schuhmacher
kuyumcu	Juwelier
kürkçü dükkânı	Pelzwarengeschäft
mağaza	Geschäft, großer Laden
market	Supermarkt
mezeci (dükkânı)	Delikatessengeschäft
mobilya mağazası	Möbelgeschäft
müzik aletleri mağazası	Musikladen
oyuncakçı (dükkânı)	Spielwarengeschäft
parfümeri	Parfümerie
plakçı (dükkânı)	Schallplattengeschäft
saatçi	Uhrmacher
silah mağazası	Waffenhandlung

spor malzemesi	Sportartikel
şarapçı	Weinhandlung
şarküteri	Delikatessengeschäft
şekerci	Süßwarengeschäft
tatlıcı	s. *şekerci*
terzihane	Schneiderei
tuhafiye	Kurzwaren
vitrin	Schaufenster

Kleidung, Schuhe

astar	Futter
atkı	Halstuch
atlet	Unterhemd
ayakkabı	Schuh
ayakkabı bağcığı	Schnürsenkel
ayakkabı boyası	Schuhcreme
ayakkabı fırçası	Schuhbürste
bikini	Bikini
bluz	Bluse
bol	weit
bornoz	Bademantel
ceket	Jacke
çamaşır	Wäsche
çizgili	gestreift
çizme	Stiefel
çorap	Strümpfe
dar	eng
deri	Leder
deri manto	Ledermantel
elbise	Kleid
eldiven	Handschuhe
eşarp	Kopftuch
eşofman	Trainingsanzug
etek(lik)	Rock

fanila	Unterhemd
fermuar	Reißverschluß
gece elbisesi	Abendkleid
gecelik	Nachthemd
giysi	Kleid(ung)
gömlek	Hemd
hırka	Strickjacke
içcamaşırı	Unterwäsche
kareli	kariert
kazak	Pullover
kemer	Gürtel
kilot	Unterhose
kilotlu çorap	Strumpfhose
kravat	Krawatte
kundura	Schuh
kürk	Pelz
kürk manto	Pelzmantel
manto	Mantel
mayo	Badehose
mendil	Taschentuch
pabuç	Schuhe
palto	Mantel
pantalon	Hose
pardesü	Übergangsmantel
pijama	Schlafanzug
renk	Farbe
sabahlık	Morgenrock
sandalet	Sandalen
sıkmak	drücken
sütyen	Büstenhalter
şal	Schal
şapka	Hut
şemsiye	Regenschirm
takım elbise	Anzug

terlik	Pantoffel
uymak	passen
yağmurluk	Regenmantel
yakışmak	gut stehen
yelek	Weste

Farben

açık	hell
bej	beige
beyaz	weiß
eflatun	lila
gri	grau
kahverengi	braun
kavuniçi	orange
kırmızı	rot
koyu	dunkel
mavi	blau
pembe	rosarot
renk	Farbe
renkli	farbig, bunt
sarı	gelb
siyah	schwarz
turuncu	orange
yeşil	grün

Optiker, Fotogeschäft, Juwelier, Uhrmacher

altın	Gold, golden
alyans	Ehering
banyo etmek	entwickeln
bilezik	Armband
broş	Brosche
büyüteç	Lupe
cep saati	Taschenuhr

çalar saat	Wecker
deklanşör	Auslöser
dürbün	Fernglas
elmas	Diamant
film	Film
film çekmek	filmen
film makinesi	Filmkamera
flaş	Blitzlicht
fotoğraf	Foto, Bild
fotoğraf çekmek	fotografieren
fotoğraf makinesi	Fotoapparat
fotoğrafçı	Fotogeschäft; Fotograf
gözlük	Brille
gözlük çerçevesi	Brillenrahmen
gözlük kılıfı	Brillenetui
gözlükçü	Optiker
gümüş	Silber, silbern
güneş gözlüğü	Sonnenbrille
kadran	Zifferblatt
kehribar	Bernstein
kol düğmesi	Manschettenknöpfe
kol saati	Armbanduhr
kolye	Halskette
küpe	Ohrringe
lens	Kontaktlinse
makaralı film	Rollfilm
mücevher	Schmuck
negatif	Negativ
objektif	Objektiv
pırlanta	Brillant
pozometre	Belichtungsmesser
renkli film	Farbfilm
resim	Bild
saat	Uhr

155

saat kayışı	Uhrarmband
saatçi	Uhrmacher
siyah-beyaz film	Schwarzweißfilm
slayt	Dia
vizör	Sucher
yüzük	Ring
zincir	Kette

Kurzwaren und Stoffe

bez	Tuch
çengelli iğne	Sicherheitsnadel
çıtçıt	Druckknopf
düğme	Knopf
iğne	Nadel
ipek	Seide
iplik	Faden, Garn
kadife	Samt
kanca	Haken und Ösen
keten	Leinen
kumaş	Stoff
makas	Schere
mezura	Zentimetermaß
naylon	Nylon
pamuklu	Baumwolle
suni ipek	Kunstseide
topluiğne	Stecknadel
tuhafiye	Kurzwaren
yüksük	Fingerhut
yün	Wolle

Souvenirs und Geschenkartikel, Musikgeschäft

bakır	Kupfer
bakır eşyalar	Kupferwaren
bebek	Puppe
çakı	Taschenmesser
gitar	Gitarre
hediye	Geschenk
hediyelik eşya	Geschenkartikel
kaset	Kassette
kasetçalar	Kassettenrecorder
keman	Geige
mum	Kerze
müzik	Musik
müzik aleti	Musikinstrument
oyuncak	Spielzeug
pikap	Plattenspieler
piyano	Klavier
plak	Schallplatte
porselen	Porzellan
radyo	Radio
şamdan	Kerzenständer
teyp	Tonbandgerät
vazo	Vase

Schreibwaren, Buchhandlung, Blumen

bloknot	Notizblock
buket	Blumenstrauß
çiçek	Blume
çiçekçi	Blumengeschäft, -händler
defter	Heft
dergi	Zeitschrift
dolmakalem	Füller
gül	Rose

157

harita	Landkarte
hatıra defteri	Tagebuch
kâğıt	Papier
kalem	Stift, Schreibzeug
kitap	Buch
kurşunkalem	Bleistift
lale	Tulpe
mektup kâğıdı	Briefpapier
menekşe	Veilchen
mürekkep	Tinte
not defteri	Notizheft
papatya	Margerite
polisiye roman	Kriminalroman
roman	Roman
saksı	Blumentopf
seyahat rehberi	Reiseführer
silgi	Radiergummi
sözlük	Wörterbuch
şehir planı	Stadtplan
tükenmez kalem	Kugelschreiber
yapışkan	Klebstoff
zarf	Briefumschlag

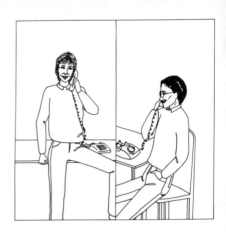

18 Wer ist am Apparat?
(Kiminle Görüşüyorum?)

18 A   Text 30   Bir Telefon Görüşmesi

(Personen: Ergun, Helga)

E.: Alo. Kiminle görüşüyorum?

H.: Alo. Buyurun?

E.: Bayan Helga Kraft ile görüşebilir miyim?

H.: Evet, benim.

E.: Merhaba, Helga Hanım. Ben Ergun.

H.: Merhaba, Ergun. Nasılsınız?

E.: Teşekkür ederim, iyiyim. Ya siz?

H.: Teşekkürler. Ben de iyiyim.

E.: Biliyorsunuz, bir parti vermek ve hepinizi davet etmek istiyordum. Bu cumartesi size uygun mu?

H.: Tabii, memnuniyetle gelirim. Cumartesi benim için uygun.

E.: Tülin Hanım'a da haber verebilir misiniz?

159

H.: Tabii, ben ona haber veririm. Saat kaçta gelelim?
E.: Saat üçte.
H.: Tamam. Bir şey getirelim mi?
E.: Teşekkürler. Hiç bir şeye gerek yok.
H.: O halde cumartesiye görüşmek üzere.
E.: İyi günler, Helga Hanım.

Übersetzung *Ein Telefongespräch*

E.: Hallo. Wer ist am Apparat?
H.: Hallo. Ja bitte?
E.: Kann ich Frau Helga Kraft sprechen?
H.: Ja, am Apparat.
E.: Grüß Gott, Frau Helga. Hier ist Ergun.
H.: Guten Tag, Ergun, wie geht es Ihnen.
E.: Danke, es geht mir gut. Und Ihnen?
H.: Danke, mir geht's auch gut.
E.: Wie Sie wissen, wollte ich eine Party geben und Sie alle einladen. Paßt Ihnen dieser Samstag?
H.: Natürlich, ich komme gerne. Es paßt mir am Samstag.
E.: Könnten Sie auch Frau Tülin benachrichtigen?
H.: Klar, ich sage ihr Bescheid. Um wieviel Uhr sollen wir kommen?
E.: Um drei Uhr.
H.: In Ordnung. Sollen wir etwas mitbringen?
E.: Danke, es ist nicht nötig.
H.: Also dann, bis Samstag.
E.: Wiederhören, Frau Helga.

Text 31 Bir Mektup

Sevgili Gerhardcığım,

üç haftadan beri Türkiye'deyim. Önce İstanbul'a geldim, orada Türk arkadaşım Tülin'le buluştum. Sonra onunla Güney'e gittik. Birkaç gün Marmaris'te kampta kaldık ve çok güzel vakit geçirdik. Orada Rolf ve Ergun'la karşılaştık. Sonra hep beraber Antalya'ya gittik ve Orhan ve Martin'le buluştuk. Şimdi yine İstanbul'dayız. Cumartesi günü Ergun'un partisine davetliyiz.

Gelecek hafta Almanya'ya dönüyorum. Türkiye'yi ve gördüğüm bütün şehirleri çok beğendim. Tabiat çok güzel, insanlar çok konuksever.

Yakında görüşmek üzere sana ve diğer arkadaşlara içten selamlar.   Helga

Übersetzung *Ein Brief*

Istanbul, 28.8.19..

Mein lieber Gerhard,

seit drei Wochen bin ich in der Türkei. Zuerst kam ich in Istanbul an und traf mich dort mit meiner türkischen Freundin Tülin. Dann sind wir in den Süden gefahren. Einige Tage waren wir auf dem Campingplatz in Marmaris und verbrachten dort eine sehr schöne Zeit. Dort begegneten wir Rolf und Ergun. Dann fuhren wir alle zusammen nach Antalya und trafen uns dort mit Orhan und Martin. Jetzt sind wir wieder in Istanbul. Am Samstag sind wir zu Erguns Party eingeladen.

Nächste Woche komme ich nach Deutschland zurück. In der Türkei und in allen Städten, die ich gesehen habe, hat es mir sehr gut gefallen. Die Natur ist sehr schön, die Menschen sind sehr gastfreundlich.

Bis bald und herzliche Grüße an Dich und an die anderen Freunde.   Helga

18 B Praktische Sätze zum Thema ‚Telefonieren[1], Einladen, Briefeschreiben'

Alo Hallo (nur am Telefon)

Kimsiniz?
Kiminle görüşüyorum? } Wer ist am Apparat?
Orası neresi?

Hat meşgul
Die Leitung ist besetzt.

Cevap vermiyor.
Es meldet sich niemand.

Lütfen ayrılmayın.
Bleiben Sie am Apparat.

*... ile konuşabilir miyim? (*oder: *görüşebilir miyim?)*
Kann ich ... sprechen?

... evde yok. Sizi arasın mı?
... ist nicht zu Hause. Soll er (sie) Sie zurückrufen?

Ben yine ararım.
Ich rufe wieder an.

Bir haber bırakabilir miyim?
Kann ich was ausrichten?

... günü vaktiniz var mı?
Haben Sie am ... Zeit?

Seni (sizi) davet etmek istiyorum.
Ich möchte dich (Sie, euch) einladen.

Saat ... -de (-da) gelebilir misiniz?
Können Sie um ... Uhr kommen?

---

[1] Vgl. auch S. 83 f.

... size uygun mu?
paßt es Ihnen am (um) ...

Sevgili ...   *Sayın Bayan ...*
Liebe(r) ...   Sehr geehrte Frau ...

Sayın Bay ...   *Sayın Baylar!*
Sehr geehrter Herr ...   Sehr geehrte Herren!

... tarihli mektubunuz için çok teşekkür ederim.
Vielen Dank für Ihren Brief vom ...

Yakında sizden işitmek ümidiyle saygılarımı sunarım.
In der Hoffnung, bald von Ihnen zu hören, verbleibe
  ich mit freundlichen Grüßen

Çok selamlar   *Candan (*oder: *içten) selamlar*
Viele Grüße   Herzliche Grüße

Saygılarımla
Hochachtungsvoll

19 Was für eine Frisur wünschen Sie? (Nasıl Bir Saç Modeli Arzu Ediyorsunuz?)

19 A   Text 32   Berberde

(Personen: Tülin, Friseuse)

F.: Buyurun efendim.

T.: Beklemem gerek mi?

F.: Hayır efendim, size hemen bakabilirim.

T.: Öğleden sonra bir partiye davetliyim. Saçımı yaptırmak istiyorum.

F.: Nasıl bir saç modeli arzu ediyorsunuz?

T.: Saçlarımı yıkayın, biraz kısaltın ve mizanpli yapın, lütfen. Bir de manikür rica edeceğim.

F.: Tabii efendim. Şöyle buyurun.

Übersetzung *Beim Friseur*

F.: Ja bitte?

T.: Muß ich warten?

F.: Nein, ich kann Sie sofort bedienen.

T.: Am Nachmittag gehe ich zu einer Party. Ich möchte meine Haare machen lassen.

F.: Was für eine Frisur möchten Sie?

T.: Waschen Sie, schneiden Sie etwas kürzer und machen Sie eine Wasserwelle. Ich möchte auch Maniküre.

F.: Jawohl. Nehmen Sie bitte hier Platz.

19 B   Praktische Sätze zum Thema ‚Friseur'

kadın berberi
Damenfriseur

Yıkayıp sarın, lütfen
Waschen und legen, bitte.

Saçımı kesin, lütfen.   *Uçlarını kesin.*
Schneiden, bitte.   Schneiden Sie die Spitzen ab.

Saçımı ... boyayın, Lütfen.
Die Haare ... färben, bitte.

Perma (mizanpli) istiyorum.
Ich möchte eine Dauerwelle (Wasserwelle).

Kurutun, lütfen.   *Biraz kabartın, lütfen.*
Fönen, bitte.   Etwas toupieren, bitte.

Manikür (pedikür) istiyorum.
Ich möchte Maniküre (Pediküre).

erkek berberi
Herrenfriseur

Saç tıraşı, lütfen.
Schneiden, bitte.

Sakal tıraşı, lütfen.   *Sağdan (soldan) ayırın, lütfen.*
Rasieren, bitte.   Den Scheitel rechts (links), bitte.

Lütfen biraz kısaltın.
Schneiden Sie bitte etwas kürzer.

Sakalımı (bıyığımı) biraz kısaltın.
Den Bart (Schnurrbart) etwas stutzen.

Sakalımı kesin.
Schneiden Sie mir den Bart ab.

Aufbauwortschatz:

Friseur

berber	Friseur, Friseuse
bıyık	Schnurrbart
biryantin	Haarfestiger
erkek berberi	Herrenfriseur
favori	Koteletten
kadın berberi	Damenfriseur
kesmek	schneiden
kısaltmak	kürzen, stutzen
kuaför	Friseur
kurutmak	trocknen
manikür	Maniküre
mizanpli	Wasserwelle
pedikür	Pediküre
perma	Dauerwelle
peruk	Perücke
saç	Haar(e)
saç ayrığı	Scheitel
saç kurutma makinesi	Fön
saç losyonu	Haarwasser
*saç modeli (*oder *tuvaleti)*	Frisur
saç spreyi	Haarspray
saç yapmak	frisieren
sakal	Bart
sarmak	legen, eindrehen
tarak	Kamm
taramak	kämmen
tıraş	Rasur
tıraş etmek	rasieren
tırnak makası	Nagelschere
tırnak törpüsü	Nagelfeile
yıkamak	waschen

Körperpflege, Toilettenartikel, Make up, Reinigung

allık	Rouge
aseton	Nagellackentferner
bigudi	Lockenwickel
boya	Farbe
cımbız	Pinzette
cila	Lack
deodoran	Deodorant
diş fırçası	Zahnbürste
diş macunu	Zahnpasta
elbise fırçası	Kleiderbürste
far	Lidschatten
firkete	Haarnadel
jilet	Rasierklinge
kâğıt mendil	Papiertaschentuch
kaş kalemi	Augenbrauenstift
kolonya	Kölnischwasser
kozmetik	Kosmetik
krem	Creme
kuru temizleme	Trockenreinigung
makyaj	Make up
oje	Nagellack
pamuk	Watte
parfüm	Parfüm
podra	Puder
rimel	Wimperntusche
ruj	Lippenstift
sabun	Seife
saç fırçası	Haarbürste
saç filesi	Haarnetz
temizlemek	reinigen
saç tokası	Haarklemme
temizletmek	reinigen lassen
tıraş	Rasur

167

tıraş bıçağı	Rasierklinge
tıraş etmek	rasieren
tıraş kremi	Rasiercreme
tıraş makinesi	Rasierapparat
tıraş losyonu	Rasierwasser
tıraş olmak	sich rasieren
toka	s. *saç tokası*
tuvalet malzemesi	Toilettenartikel
vücut bakımı	Körperpflege
yıkanmak	sich waschen

Bugünkü TV

14.00— Açık Öğretim
16.05— Çocuklar İçin
17.10— Dünyamız
18.00— Bugünkü Pakistan

18.30— TV'de Sinema "Bus Riley'in Dönüşü"
20.00— İş Dünyası
20.30— Haberler
21.00— Hatıralar
22.00 **TV'de Türk Sineması** "Küskün Çiçek'
23.30— Beraber ve Solo Şarkılar
23.55— Haberler
24.00— Kapanış

TV programlarındaki son değişiklikleri MİLLİYET'in 3. sayfasında bulacaksınız.

Fernsehprogramm aus einer türkischen Zeitung

20 Ich habe mich sehr gefreut, daß Sie gekommen sind (Geldiğinize Çok Sevindim)

20 A   Text 33   Ziyaret ve Sohbet

(Personen: Ergun, Rolf, Tülin, Helga, Orhan, Martin)

E.: Selam, arkadaşlar. Hoş geldiniz. Buyurun. Geldiğinize çok memnun oldum.

O.: Biz de davetiniz için çok teşekkür ederiz, Ergun.

...

M.: Boş zamanınızda ne yaparsınız? Meraklarınız var mı?

T.: Elbette. Örneğin benim çeşitli meraklarım vardır. Okumayı, seyahat etmeyi, sinemaya gitmeyi, televizyon seyretmeyi severim.

H.: Ben tiyatro ve konseri tercih ederim.

R.: Ben sporla uğraşırım. Özellikle kayak kaymayı, yüzmeyi ve tenis oynamayı severim.

E.: Ben de müzik dinlemeye bayılırım.

M.: Nasıl müzikten hoşlanırsınız?

E.: Hem Türk müziğini hem de Batı müziğini severim.

O.: Ergun ve Rolf, siz öğrencisiniz, değil mi?

R.: Evet, Orhan Bey.

T.: Ne okuyorsunuz?

E.: Ben İstanbul Üniversitesi'nde psikoloji ve felsefe okuyorum.

R.: Ben de Münih Üniversitesi'nde hukuk okuyorum. Avukat olacağım.

O.: Siz ne olmak istiyorsunuz, Ergun?

E.: Ben asistan olarak çalışmak istiyorum.

```
● TRT 1

05.05 Ezgi Kervanı
05.30 Sabah Şarkıları
06.00 Köye Haberler
06.10 Günaydın
10.05 Tatil Sabahı
11.55 Radyo Tiyatrosu
13.15 Müzik
15.05 Spor Magazin
19.30 Yurttan Sesler
20.00 Mevlit Yayını
21.30 Spor Dergisi
22.00 Stüdyo Kayıtlarından
22.30 Türküler ve Oyun
       Havaları
23.15 Pazar Gecesi
00.55 Günün Haberlerinden
       Özetler
```

Hörfunkprogramm
aus einer türkischen
Zeitung

Übersetzung *Besuch und Unterhaltung*

E.: Hallo, Freunde. Herzlich willkommen. Treten Sie
     ein. Ich habe mich sehr gefreut, daß Sie gekommen
     sind.

O.: Und wir bedanken uns herzlich für Ihre Einla-
     dung, Ergun.

...

M.: Was macht ihr in eurer Freizeit? Habt ihr Hobbys?

T.: Aber ja. Ich zum Beispiel habe verschiedene Hob-
     bys. Ich mag Lesen, Reisen, Kino und Fernsehen.

H.: Ich ziehe Theater und Konzerte vor.

R.: Ich beschäftige mich mit Sport. Besonders mag ich
     Skifahren, Schwimmen und Tennisspielen.

170

● TRT 2	● TRT 3
07.02 Solistlerden Seçmeler	07.02 Hafif Müzik
07.40 Türküler ve Oyun	07.30 Sabah Konseri
Havaları	08.00 Sabah İçin Müzik
08.00 İki Solistten Şarkılar	09.12 Her Pazar
09.00 Beraber ve Solo	10.00 Müzik Şöleni
Şarkılar	11.00 Bir Besteci
09.30 Solistler Geçidi	12.12 Hafif Müzik
10.00 Hafif Müzik	12.30 Müzik Postası
10.15 Turan Engin'den	14.00 Pazardan Pazara
Türküler	15.00 Caz ve Pop
11.00 Çocuklarla Başbaşa	16.00 Müzik Panoraması
11.45 Filiz Şatıroğlu'dan	17.12 Hafif Müzik
Şarkılar	18.00 Teleskop
12.30 Türküler ve Oyun	19.12 Hafif Müzik
Havaları	19.30 Opera ve Operetlerden
13.30 Solistlerden Seçmeler	21.00 Müzik Ekspresi
14.00 Piyano Soloları	22.12 Gecenin Getirdikleri
14.20 Türküler Geçidi	23.00 Dünya Radyolarından
14.40 Yüksel Kip'den Şarkılar	Müzik Festivallerinden
15.00 Türkçe Sözlü Hafif	24.00 Gece ve Müzik
Müzik	
18.00 Yurttan Sesler	
19.30 Türkçe Sözlü Hafif	
22.45 Hafif Müzik	
23.15 Beraber ve Solo Şarkılar	

E.: Und ich höre so gerne Musik.

M.: Was für Musik mögen Sie?

E.: Ich mag sowohl die türkische als auch die europäische Musik.

O.: Ergun und Rolf, ihr seid Studenten, nicht wahr?

R.: Ja, Herr Orhan.

T.: Was studiert ihr?

E.: Ich studiere Psychologie und Philosophie an der Universität Istanbul.

R.: Und ich studiere Jura an der Universität München. Ich werde Rechtsanwalt werden.

O.: Was möchten Sie werden, Ergun?

E.: Ich möchte als Assistent arbeiten.

171

20 B Aufbauwortschatz:
Freizeit, Vergnügen, Hobbys

aktör	Schauspieler
aktris	Schauspielerin
antrenman	Training
at	Pferd
at yarışları	Pferderennen
ata binmek	reiten
badminton	Federball
bale	Ballet
balık tutmak	angeln
bar	Bar
berabere	unentschieden
binicilik sporu	Reitsport
bisiklet sporu	Radsport
bisiklete binmek	radfahren
boks maçı	Boxkampf
boş zaman	Freizeit
bovling	Kegeln
dağcılık	Bergsteigen
dans	Tanz
dans etmek	tanzen
dansör	Tänzer
dansöz	Tänzerin
davet	Einladung
davet etmek	einladen
defile	Modeschau
dinlemek	hören
dinleyici	Hörer
diskotek	Discothek
eğlence	Vergnügen
ekran	Bildschirm
flört	Flirt
flört etmek	flirten

172

futbol	Fußball
futbol maçı	Fußballspiel
gece kulübü	Nachtklub
gol	Tor
göbek dansı	Bauchtanz
güreş	Ringkampf
haberler	Nachrichten
hakem	Schiedsrichter
hobi	Hobby
iskambil oyunu	Kartenspiel
jimnastik	Gymnastik
kayak kaymak (oder: *yapmak*)	Ski fahren
kayak kursu	Skikurs
kayak sporu	Skisport
komedi	Komödie, Lustspiel
konser	Konzert
kumar	Glücksspiel
kumarhane	Spielsalon
kürek çekme	Rudern
loca	Loge
maç	Match, Spiel
masa tenisi	Tischtennis
merak	Hobby
moda	Mode
müzik	Musik
okumak	lesen
opera	Oper
opera dürbünü	Opernglas
operet	Operette
orkestra	Orchester
orkestra şefi	Dirigent
oyun	Spiel
oyuncu	Schauspieler(in)
pingpong	Tischtennis

plaj	Badestrand
polisiye dizi	Krimiserie
program	Programm
radyo	Radio; Rundfunk
rejisör	Regisseur
rol	Rolle
sahne	Bühne
satranç	Schachspiel
seyahat	Reise
seyahat etmek	reisen
sinema	Kino
spor	Sport
spor kulübü	Sportverein
spor sahası	Sportplatz
stadyum	Stadion
su kayağı	Wasserski
şarkı	Lied
şarkı söylemek	singen
şarkıcı	Sänger(in)
takım	Mannschaft
televizyon	Fernsehen; Fernseher
televizyon seyretmek	fernsehen
temsil	Aufführung
tenis	Tennis
tenis raketi	Tennisschläger
tenis sahası	Tennisplatz
tenis topu	Tennisball
tiyatro	Theater
voleybol	Volleyball
yarış	Rennen, Wettkampf
yayın	Sendung; Publikation
yelken sporu	Segelsport
yüzme havuzu	Schwimmbad
yüzmek	schwimmen

Studium, Ausbildung

akademi	Akademie
Alman Filolojisi	Germanistik
arkeoloji	Archäologie
asistan	Assistent
astronomi	Astronomie
biyoloji	Biologie
coğrafya	Geographie
dekan	Dekan
ders	Unterricht
edebiyat	Literatur
eğitim	Erziehung; Ausbildung
enstitü	Institut
fakülte	Fakultät
felsefe	Philosophie
fen	Naturwissenschaft(en);Technik
filoloji	Philologie
fizik	Physik
hukuk	Jura
ilkokul	Grundschule
iktisat	Volkswirtschaft
kimya	Chemie
kurs	Kurs(us)
kültür	Kultur
lise	Gymnasium
matematik	Mathematik
okul	Schule
okumak	lesen; studieren
ortaokul	Mittelschule
öğrenci	Schüler; Student
öğrenim dalı	Studienfach
öğretmen	Lehrer(in)
pedagoji	Pädagogik
profesör	Professor(in)

psikoloji	Psychologie
sanat	Kunst
sanat okulu	Berufsschule
sanat tarihi	Kunstgeschichte
sınıf	Klasse
sosyal bilimler	Geisteswissenschaften
sosyoloji	Soziologie
tarih	Geschichte
teknik	Technik
Teknik Üniversite	Technische Universität
tıp	Medizin
Türkoloji	Turkologie
üniversite	Universität
yüksek okul	Hochschule
yüksek öğrenim	Studium

Berufe

araba tamircisi	Automechaniker
asistan	Assistent
aşçı	Koch
avukat	Rechtsanwalt
bahçıvan	Gärtner
balıkçı	Fischer
baytar	Tierarzt
berber	Friseur
camcı	Glaser
çırak	Lehrling
çiftçi	Bauer
çilingir	Schlosser
doktor	Arzt
duvarcı	Maurer
ebe	Hebamme
eczacı	Apotheker
elektrikçi	Elektriker

176

emekli	Rentner
ev kadını	Hausfrau
fırıncı	Bäcker
futbolcu	Fußballer
garson	Kellner
gazeteci	Journalist
hakim	Richter
hemşire	Krankenschwester
heykeltıraş	Bildhauer
iş adamı	Geschäftsmann
işçi	Arbeiter
kasap	Metzger
kimyager	Chemiker
kunduracı	Schuhmacher, Schuster
manav	Obst- und Gemüsehändler
marangoz	Tischler
memur	Beamter
mimar	Architekt
muhasabeci	Buchhalter
mühendis	Ingenieur
müzisyen	Musiker
noter	Notar
öğretmen	Lehrer(in)
polis	Polizist
postacı	Briefträger
profesör	Professor
ressam	(Kunst)Maler
sanatçı	Künstler
sporcu	Sportler
teknisyen	Techniker
terzi	Schneider
tesisatçı	Installateur
veteriner	Veterinär
yazar	Schriftsteller

Anhang

1. Allgemeine Abkürzungen

Adr.	*adres*	Adresse
bkz	*bakınız*	siehe
Cad.	*cadde*	Straße
cm.	*santimetre*	Zentimeter
Dr.	*doktor*	Doktor
DTCF	*Dil Tarih Coğrafya Fakültesi*	Geisteswissenschaftliche Fakultät der Universität Ankara
gr.	*gram*	Gramm
İETT	*İstanbul Elektrik Tramvay Tünel*	Istanbuler Verkehrsgesellschaft
İTÜ	*İstanbul Teknik Üniversitesi*	Technische Universität Istanbul
kg.	*kilo(gram)*	Kilo(gramm)
m.	*metre*	Meter
MÖ	*Milattan Önce*	vor Christus
MS	*Milattan sonra*	nach Christus
PK	*posta kutusu*	Postfach
PTT	*Posta, Telgraf, Telefon*	Abk. für das Türkische Postwesen
s.	*sayfa*	Seite
SBF	*Siyasal Bilgiler Fakültesi*	Fakultät für Politische Wissenschaften der Universität Ankara
Sok.	*sokak*	Straße
TBMM	*Türkiye Büyük Millet Meclisi*	Große Türkische Nationalversammlung
TC	*Türkiye Cumhuriyeti*	Türkische Republik
TCDD	*Türkiye Cumhuriyeti Devlet Demiryolları*	Staatliche Bahn der Türkei
Tel.	*telefon*	Telefon
THY	*Türk Hava Yolları*	Türkische Fluggesellschaft
TL	*Türk Lirası*	Lira, türkisches Pfund

TRT	*Türkiye Radyo ve Televizyon Kurumu*	Türkische Rundfunkgesellschaft
vs., vb.	*vesaire, ve başkaları*	und so weiter

2. Maße und Gewichte

milimetre	Millimeter
santimetre	Zentimeter
desimetre	Dezimeter
metre	Meter
kilometre	Kilometer
mil	Meile
deniz mili	Seemeile
metre kare	Quadratmeter
kilometre kare	Quadratkilometer
metre küp	Kubikmeter
litre	Liter
gram	Gramm
yarım kilo	Pfund
kilo(gram)	Kilo(gramm)
ton	Tonne
düzine	Dutzend

3. Besondere Verkehrszeichen

Stop

Unfallposten

4. Hinweise, Warnungen, Verbote

AÇIK	Geöffnet
BAYANLAR	Damen
BAYLAR	Herren
ÇEKİNİZ	Ziehen
ÇIKIŞ	Ausgang
DİKKAT	Achtung, Vorsicht
DOLU	Besetzt
DÜĞMEYE BASINIZ	Knopf drücken
ERKEKLERE	Männer
GİRİŞ	Eingang
İÇİLİR	Trinkwasser
İÇİLMEZ	Kein Trinkwasser
İMDAT KAPISI	Notausgang
İTİNİZ	Drücken, Stoßen
KADINLARA	Frauen
KAPALI	Geschlossen
KİRALIK	Zu vermieten
MEŞGUL	Besetzt
ÖLÜM TEHLİKESİ	Lebensgefahr
PENCEREDEN SARK-	Nicht aus dem Fenster
MAYINIZ	lehnen
SAĞDAN GİDİNİZ	Rechts fahren
SATILIK	Zu verkaufen
SİGARA İÇMEK	Rauchen verboten
YASAKTIR	
TEHLİKE ANINDA	Notausgang
ÇIKIŞ KAPISI	
TEHLİKE FRENİ	Notbremse
YANGIN TEHLİKESİ	Feuergefahr

5. Landkarte der Türkei

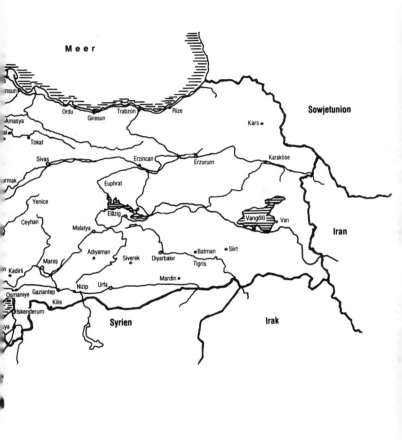

Meer

Ordu · Giresun · Trabzon · Rize · Kars · Sowjetunion

Amasya · Tokat · Sivas · Erzincan · Erzurum · Karaköse · Karaköse

Euphrat · Yenice · Ceyhan · Malatya · Eläzig · Vangölü · Van · Iran

Adıyaman · Siverek · Diyarbakır · Batman · Siirt · Tigris

Maraş · Kadirli · Nizip · Urfa · Mardin ·

Osmaniye · Gaziantep · Kilis · Iskenderum · Syrien · Irak

185